Rechtsbeistand
für die Arbeiterversicherung.

Formulare nebst Anleitung zur Selbstanfertigung aller in Invaliden- und Alters-, Unfall- oder Krankenversicherungssachen vorkommenden Eingaben, Anmeldungen, Berufungs- und Revisionsschriften, Rekurse, Einsprüche, Beschwerden und dergl.

Herausgegeben
von
C. Pfafferoth,
Kanzleirath im Reichs-Justizamt.

Berlin 1891.
J. J. Heines Verlag.

Ergänzungsband zu Pfafferoth's „Führer durch die gesammte Arbeiterversicherung".

Vorwort.

Das vorliegende Buch bildet eine Ergänzung des das ganze Arbeiterversicherungswesen nach allen Richtungen hin eingehend darstellenden „Führer durch die gesammte Arbeiterversicherung". Für die Wahrnehmung aller aus Letzterem sich ergebenden Rechte und Pflichten will es den Versicherten und den Arbeitgebern eine Handhabe bieten, mittels welcher ein Jeder im Stande ist, ohne fremde Hülfe die nöthigen Schritte ordnungsmäßig thun und alle vorkommenden Schriftsätze in richtiger Form und mit sachgemäßem Inhalt selbst leicht anfertigen zu können. Zu diesem Zwecke sind den für alle wichtigen Fälle aufgestellten 82 Musterformularen entsprechende Anleitungsbemerkungen beigegeben. Verzeichnisse der Versicherungsanstalten für die Invaliditäts- und Altersversicherung, sowie derjenigen verschiedenen Behörden im deutschen Reiche, an welche man sich in den einzelnen Fällen zu wenden hat, endlich der sämmtlichen Berufsgenossenschaften werden die Brauchbarkeit und Nützlichkeit des Buchs wesentlich erhöhen.

In den Formularen ist alles, was wohl überall gleichmäßig zum Ausdruck kommen muß, mit deutscher Schrift gedruckt, während die lateinische Schrift dasjenige beispielsweise angiebt, was ein Jeder nach Besonderheit seines in Rede stehenden Falles der festen Form hinzuzufügen haben wird. Daß die Briefe, sofern sie nicht persönlich abgegeben werden, mit dem erforderlichen Betrage von Briefmarken zu bekleben sind, mag hier noch besonders hervorgehoben werden.

Wo die vorliegenden Verhältnisse nicht ausreichend durch die Formulare getroffen werden, wolle man den „Führer" mit zur Hülfe nehmen; auch wird bezüglich der Rentenverhältnisse die Benutzung der „Rententafel" von großem Vortheil sein.

Die Fristen für die Rechtsbehelfe sind überall bestimmt angegeben. Es kann nicht dringend genug empfohlen werden, mit den beabsichtigten Schritten nicht bis zu den letzten Tagen der Frist zu warten; denn ist einmal die Frist verstrichen, so muß es bei der anzufechtenden Entscheidung sein Bewenden behalten, auch wenn dieselbe der Sachlage nicht entspricht und der Säumige verliert damit durch eigene Schuld jede Möglichkeit zu seinem Rechte zu gelangen.

Das Buch kommt somit offenbar nicht nur dem Bedürfnisse der 14 Millionen Versicherten und der Arbeitgeber im Gewerbe der Industrie, dem Handel, der Land- und Forstwirthschaft, Schiffahrt, Hauswirthschaft u. a. m. entgegen, es dürfte auch durch die Gewöhnung an sachgemäße Behandlung der Angelegenheiten den Behörden zu Statten kommen und auf den Geschäftsgang derselben daher erleichternd nutzbringend einwirken können.

Alle auf die Verbesserung und Vervollkommnung des Buchs abzielende Vorschläge und Bemerkungen werden mit verbindlichstem Danke entgegengenommen werden.

Berlin, Dezember 1890.

C. Pfafferoth.

Inhaltsverzeichnis.

I.

Invaliditäts- und Altersversicherung.

A. Versicherungspflicht und Selbstversicherung.

1. Anfrage, ob man zur Versicherung verpflichtet sei.

(Führer Nr. 2, 5.)

Waldenburg, den 5. Januar 1891.

Um gefällige Auskunft erlaube ich mir zu bitten ob ich zur Invaliditäts- und Altersversicherung verpflichtet bin.

Am hiesigen Orte betreibe ich das Gewerbe eines Rechtskonsulenten, führe daneben dem hiesigen Mehlhändler Klei die Geschäftsbücher und bin ferner als Hauptagent zweier Lebens- und Feuerversicherungs-Gesellschaften thätig. Meine Gesammt-Einnahmen erreichen nicht den Betrag von 2000 Mark; mein Lebensalter beträgt 32 Jahre.

Achtungsvoll

Otto Kramer,
Rechtskonsulent.

An
das Königliche Landrathsamt
in
Schweidnitz.

Bemerkungen.

Man kann die Anfrage auch an den Vorstand der Versicherungsanstalt*) richten; es ist aber vorzuziehen, sich sogleich an die „untere Verwaltungsbehörde"**) zu wenden.

Nach dem Gesetze sind versicherungspflichtig vom 16. Lebensjahre ab:

1. alle männliche und weibliche Personen, welche als Arbeiter, Gehülfen, Gesellen, Lehrlinge oder Dienstboten gegen Lohn oder Gehalt, gleichviel in welchem Berufszweige (auch beim Handel,

*) Verzeichniß im Anhang I.
**) Verzeichniß im Anhang II.

der Landwirthschaft, im häuslichen Dienst, in Büreaus, Ateliers u. dgl.) beschäftigt werden;
2. ebenso alle Betriebsbeamte sowie die Handlungsgehülfen (auch Bevollmächtigte) und Handlungslehrlinge, welche Lohn oder Gehalt bis 2000 Mark jährlich beziehen — ausgenommen sind nur die in Apotheken beschäftigten Gehülfen und Lehrlinge; endlich
3. die gegen Lohn oder Gehalt beschäftigten Personen der Schiffsbesatzung deutscher Seefahrzeuge und von Fahrzeugen der Binnenschiffahrt.

Zu 1 bis 3 gelten als Lohn oder Gehalt auch Tantiemen und Naturalbezüge.

Ausnahmen: Formular Nr. 6—9. Ueber vorübergehende Dienstleistungen siehe Pfafferoth's „Führer" II. Aufl. Nr. 4.

---

2. Anfrage, ob man zur Selbstversicherung berechtigt ist.

(Führer Nr. 3.)

Bayreuth, den 15. Januar 1891.

Um gefällige Auskunft erlaube ich mir zu bitten, ob ich zur Selbstversicherung auf Grund der §§ 2, 8 des Invaliditäts- und Altersversicherungsgesetzes berechtigt bin.

Meinen Unterhalt erwerbe ich durch Krankenpflege, die ich je nach Bedarf Tags und Nachts gegen Vergütung ausübe. Ich bin geboren am 2. März 1851.

Achtungsvoll
Alwine Lau,
Krankenpflegerin.

An
die Distriktsverwaltungsbehörde
in
Bayreuth.

Bemerkungen.

Die Anfrage kann man auch an den Vorstand der Versicherungsanstalt richten; es dürfte aber vorzuziehen sein, sich sogleich an die „untere Verwaltungsbehörde"*) zu wenden.

Es können
1. kleinere Betriebsunternehmer, welche nicht regelmäßig wenigstens einen Lohnarbeiter beschäftigen, sowie
2. solche selbständige Gewerbetreibende, welche in eigenen Betriebsstätten im Auftrage und für Rechnung anderer Gewerbetreibenden

*) Verzeichniß im Anhang II.

mit der Herstellung oder Bearbeitung gewerblicher Erzeugnisse beschäftigt werden, d. h. Hausgewerbetreibende, und zwar diese ohne Rücksicht auf die Zahl der von ihnen beschäftigten Lohnarbeiter,

falls sie noch nicht 40 Jahre alt und nicht bereits dauernd erwerbsunfähig (im Sinne der Bemerkung zu Formular 6) sind, sich selbst in Lohnklasse II versichern. Streitigkeiten mit den Organen der Versicherungsanstalten über das Versicherungsrecht werden von der für den Beschäftigungsort zuständigen „unteren Verwaltungsbehörde"*) entschieden. Gegen deren Entscheidung ist binnen 4 Wochen nach der Zustellung die Beschwerde (siehe Formular Nr. 4) an die „höhere Verwaltungsbehörde"*) zulässig, welche endgültig entscheidet.

---

3. Gesuch um Zuerkennung der Versicherungsberechtigung.

(Führer Nr. 2, 183.)

Bautzen, den 20. Januar 1891.

Seitens der Versicherungsanstalt bezw. des Vertrauensmannes Herrn Diersch hierselbst wird mir das Recht, an der Invaliditäts- und Altersversicherung theilzunehmen, bestritten.

Nach anliegender Bescheinigung des Rechtsanwalts Treu hierselbst bin ich seit 1. Januar d. Jrs. in dessen Bureau gegen einen monatlichen Lohn von 35 Mark als Schreiber beschäftigt und gehöre danach zu den Personen, auf welche sich die Versicherungspflicht nach § 1 des Reichsgesetzes vom 22. Juni 1889 erstreckt.

Ich bitte meine Zugehörigkeit zur Versicherung aussprechen zu wollen.

Achtungsvoll

Franz Hurtig,
Anwaltsbureaugehülfe.

An
den Stadtrath
in
Bautzen.

Siehe Bemerkungen zu Formular 1.
s. auch Formular 4.

---

*) Verzeichniß im Anhang II.

4. Beschwerde gegen die Entscheidung der unteren Verwaltungsbehörde betreffend das Versicherungsverhältniß.

(Führer Nr. 183.)

Bautzen, den 2. März 1891.

Gegen die Entscheidung des Stadtraths hierselbst vom 23. v. Mts. betreffend meine Theilnahme an der Invaliditäts- und Altersversicherung erhebe ich hiermit Beschwerde und beantrage

mich für . . versicherungspflichtig (berechtigt) erklären zu wollen

. . . .

. . . . Achtungsvoll

Franz Hurtig,
Anwaltsbüreaugehilfe.

An
die Königl. Kreishauptmannschaft
in
Bautzen.

Bemerkungen.

Die Beschwerde muß binnen 4 Wochen nach der Zustellung der Entscheidung der „unteren Verwaltungsbehörde"*) bei der „höhern Verwaltungsbehörde"*) erhoben werden, welche dann endgültig entscheidet. Es empfiehlt sich, alle Thatsachen und Gesichtspunkte, die man etwa noch anführen kann, in der Beschwerdeschrift klar und ausführlich zu vermerken.

---

5. Gesuch um Befreiung von der Versicherungspflicht.

(Führer Nr. 2, 183.)

Malchow, den 20. Januar 1891.

Seitens der Versicherungsanstalt bzw. des

. . . .

ist mir aufgegeben worden, eine Quittungskarte zur Invaliditäts- und Altersversicherung anzuschaffen und Beitragsmarken einzukleben.

Nach anliegender Bescheinigung des Rittergutsbesitzers Neumann hierselbst bin ich von demselben

---

*) Verzeichniß im Anhang II.

als Repräsentantin und zur Ertheilung von Musikunterricht an dessen Kinder engagirt und darauf beschränkt sich denn auch meine Thätigkeit.

Hiernach glaube ich nicht zu den Personen zu gehören, auf welche sich nach § 1 des Reichsgesetzes vom 22. Juni 1889 die Versicherungspflicht erstreckt.

Ich bitte somit, meine Befreiung von der Versicherungspflicht aussprechen zu wollen.

Achtungsvoll

Amalie Klug.

An
die Ortsobrigkeit
in
Malchow.

Siehe Bemerkungen zu Formular 1.
Beschwerde nach Formular 4.

---

6. Gesuch um Befreiung von der Beitragszahlung für einen am 1. Januar 1891 bereits invaliden Arbeiter.

(Führer Nr. 4, 183.)

Elberfeld, den 14. Januar 1891.

Der Vorstand der Versicherungsanstalt in Düsseldorf, bezw. . . . .

verlangt von mir die Entrichtung von Beiträgen zur Invaliditäts- und Altersversicherung für den von mir beschäftigten Arbeiter Emil Müller. Derselbe hat den grössten Theil der letzten Jahre, wie anliegendes Attest der hiesigen Ortskrankenkasse für die Sattlergewerke ergiebt, an Rheumatismus krank darniedergelegen und ist dauernd in solchem Grade schwach und arbeitsunfähig, daß er ausweislich meiner Geschäftsbücher im vorigen Jahre insgesammt nur 205 Mark zu verdienen vermochte und bei seinem Alter von 60 Jahren es voraussichtlich nicht mehr zu einem höheren Verdienst bringen wird.

Da hiernach gemäß § 4 des Reichsgesetzes vom 22. Juni 1889 für den Genannten die Versicherungspflicht nicht mehr eintreten kann, bitte ich mich von der Entrichtung von Beiträgen für denselben entbinden zu wollen

Achtungsvoll
Sattlermeister Rascher.

An
den Magistrat
in
Elberfeld.

Bemerkungen.

Die Versicherungspflicht tritt für diejenigen Personen nicht ein, welche in Folge ihres körperlichen oder geistigen Zustandes dauernd nicht mehr im Stande sind, durch eine ihren Kräften und Fähigkeiten entsprechende Lohnarbeit mindestens ein Drittel des für ihren Beschäftigungsort nach § 8 des Krankenversicherungsgesetzes vom 15. Juni 1883 festgesetzten Tagelohns gewöhnlicher Tagearbeiter zu verdienen. Streitigkeiten mit den Organen der Versicherungsanstalten (ebensowie zwischen Arbeitgebern und Arbeitnehmern) über die Frage ob Beiträge zu entrichten sind, werden von der für den Beschäftigungsort zuständigen „unteren Verwaltungsbehörde"*) entschieden. Gegen deren Entscheidung steht den Betheiligten binnen 4 Wochen nach der Zustellung die Beschwerde (siehe Formular 4) an die höhere Verwaltungsbehörde"* zu, welche endgültig entscheidet.

---

7. Antrag auf Befreiung von der Versicherungspflicht wegen Bezugs von Pension, Wartegeldern oder Unfallrente.

(Führer Nr. 5.)

Elbing, den 10. Januar 1891.

Da mir laut des unter Rückerbittung beigefügten Berechtigungsausweises Nr. 112 vom 5. Oktober 1889 der Bezug einer Unfallrente von 180 Mark seitens der Leinen-Berufsgenossenschaft zusteht, so beantrage ich hiermit auf Grund des § 4 des

---

*) Verzeichniß im Anhang II.

Invaliditäts- und Altersversicherungsgesetzes vom 22. Juni 1889
mich von der Versicherungspflicht zu befreien.

Achtungsvoll
Wittwe Klemm,
Waschfrau.

An
den Magistrat
in
Elbing.

Bemerkung.

Wer vom Reich, von einem Bundesstaat oder einem Kommunalverbande Pensionen oder Wartegelder von mindestens 114,70 Mark bezieht oder wem auf Grund der reichsgesetzlichen Bestimmungen über Unfallversicherung der Bezug einer jährlichen Rente von mindestens 114,70 Mark zusteht, ist auf seinen Antrag von der Versicherungspflicht zu befreien. Der Antrag ist an die „untere Verwaltungsbehörde"*) des Beschäftigungsorts zu richten; gegen deren Bescheid ist ohne bestimmte Frist also jederzeit die Beschwerde (siehe Formular 8) an die zunächst vorgesetzte Behörde zulässig, welche endgültig entscheidet.

---

8. Beschwerde gegen den Bescheid der unteren Verwaltungsbehörde wegen Befreiung von der Versicherungspflicht.

(Führer Nr. 5.)

Elbing, den 4. Februar 1891.

Gegen den Bescheid des hiesigen Magistrats vom 2. d. Mts., betreffend meine Versicherungspflicht zur Invaliditäts- und Altersversicherung erhebe ich hiermit Beschwerde und beantrage
mich von der Versicherungspflicht zu befreien.

. . . .

Achtungsvoll
Wittwe Klemm,
Waschfrau.

An
den Königlichen Herrn
Regierungspräsidenten
in
Danzig.

---

*) Verzeichniß im Anhang II.

Bemerkung.

Die Beschwerde kann jederzeit, ohne daß eine Frist innezuhalten wäre, bei der „höheren Verwaltungsbehörde"*) eingelegt werden, welche endgültig entscheidet.

---

9. Gesuch um Entscheidung über die Versicherungspflicht bei Beschäftigung gegen freien Unterhalt.

(Führer Nr. 2, 183.)

Hall, den 25. Januar 1892.

Nach Ansicht der Versicherungsanstalt bezw. des . . . . soll ich der Invaliditäts- und Altersversicherung nicht angehören.

Ich stehe im dritten Jahre meiner Lehrzeit bei meinem Oheim, dem Tischlermeister Lehmann hierselbst und erhalte neben freier Wohnung, Beköstigung und Kleidung für meine Arbeit wöchentlich einen Lohn von 1,50 Mark.

Hiernach glaube ich . . . . . zu den Personen zu gehören, auf welche sich nach § 1 des Reichsgesetzes vom 22. Juni 1889 die Versicherungspflicht erstreckt.

Ich bitte mich für . . . versicherungspflichtig erklären zu wollen.

Achtungsvoll

Hans Lehmann,
Tischlerlehrling.

An
das Oberamt
in
Hall.

Bemerkung.

Eine Beschäftigung, für welche als Entgelt nur freier Unterhalt gewährt wird, gilt nicht als eine die Versicherungspflicht begründende Beschäftigung.

Beschwerde nach Formular 4.

---

*) Verzeichniß im Anhang II.

10. Gesuch um Anerkennung des Rechts auf Selbstversicherung.

(Führer Nr. 3, 183.)

Mannheim, den 2. Februar 1891.

Seit zwei Jahren betreibe ich hier unter Beihülfe meiner Nichte ein Posamentiergeschäft und habe vom 1. Januar d. J. ab auf Grund der §§ 2, 8 des Invaliditäts- und Altersversicherungsgesetzes vom 22. Juni 1889 durch Ankauf und Verwendung von Doppelmarken mich selbst versichert.

Durch den Vorstand der Versicherungsanstalt in Karlsruhe bzw. . . . . wird mir aber das Selbstversicherungsrecht bestritten, weil ich bereits dauernd erwerbsunfähig im Sinne des § 4 Abs. 2 des Gesetzes sei, auch nicht als Betriebsunternehmer im Sinne des § 2 gelten könne.

Unter Ueberreichung eines ärztlichen Attestes ersuche ich um Anerkennung meines Rechts auf Selbstversicherung.

Achtungsvoll

Wittwe A. Klein.

An
das Bezirksamt
in
Mannheim.

Siehe Bemerkungen zu Formular 2.
Beschwerde nach Formular 4 zulässig.

B. Beiträge.

11. Anzeige über Bevollmächtigung eines Betriebsleiters.

Altenburg, den 3. April 1891.

Dem Vorstande theile ich ergebenst mit, daß ich auf Grund des § 144 des Invaliditäts- und Altersversicherungsgesetzes den mit der Betriebsleitung in meiner Fabrik betrauten Ober-Ingenieur Carl Hoffmann, hierselbst, bevollmächtigt habe, die erforderlichen Nachweisungen und Anzeigen hinsichtlich der Versicherung meines Personals an meiner Stelle anzufertigen und zu erstatten, sowie die nothwendige Verwendung von Marken vorzunehmen.

Achtungsvoll

Fritz Reich,
Fabrikbesitzer.

An
den Vorstand der thüringischen
Versicherungsanstalt*)
in
Weimar.

Bemerkung.

Der Arbeitgeber kann die Aufstellung der erforderlichen Nachweisungen und Anzeigen, sowie die Verwendung von Marken auf bevollmächtigte Leiter seines Betriebes laut § 144 des Reichsgesetzes übertragen. Name und Wohnort derselben sind alsdann dem Vorstande der Versicherungsanstalt*) mitzutheilen.

---

12. Anmeldung eines Versicherten bei der betr. Hebestelle.

(Führer Nr. 175.)

Chemnitz, den 2. Juni 1891.

Behufs Einziehung der Beiträge zur Invaliditäts- und Altersversicherung zeige ich hiermit an, daß am 1. d. Mts. der Kontordiener Ludwig Knorr aus Leipzig, 26 Jahre alt, als Kassenbote bei mir in Beschäftigung getreten ist.

Rudolph Cohn,
Banquier.

An
die Hebestelle
hierselbst.

Bemerkung.

Erfolgt die Einziehung der Beiträge durch die Gemeindebehörde oder eine sonstige Stelle, so kann angeordnet werden, daß bei derselben alle Versicherten an- und abzumelden sind — gegen Auferlegung von Geldstrafen bei Zuwiderhandlungen.

Die Stellen, an welche die Meldungen zu richten sind, müssen öffentlich bekannt gemacht sein.

---

*) Verzeichniß im Anhang I.

13. Abmeldung eines Versicherten.

(Führer Nr. 175.)

Frauenstein, den 18. Oktober 1891.

Behufs Einziehung von Beiträgen zur Invaliditäts- und Altersversicherung zeige ich hiermit an, daß am 16. d. Mts. der Friseurgehülfe A. Berthold die Beschäftigung bei mir aufgegeben hat.

Ernst Müller
Friseur.

An
den Gemeindevorstand
hier.

Siehe Bemerkung zu Formular 12.

---

14. Gesuch um Festsetzung des Durchschnittswerths von Tantiemen und Naturalbezügen.

(Führer Nr. 2.)

Mehrow, den 10. Januar 1891.

Als Wirthschaftsbeamter bei dem Gutsbesitzer Paul Lange hierselbst erhalte ich neben sonstigen Bezügen freie Wohnung (ein zweifenstriges Zimmer) nebst Heizung und Beleuchtung, sowie freie Beköstigung . . . .

Auf Grund des § 3 des Invaliditäts- und Altersversicherungsgesetzes vom 22. Juni 1889 ersuche ich um gefällige, gebühren- und stempelfreie Festsetzung des bei der Versicherung als Gehalt oder Lohn in Ansatz zu bringenden Durchschnittswerths dieser Naturalbezüge.

Achtungsvoll
Hans Hurtig,
Oeconom.

An
das Königliche Landrathsamt
des Niederbarnimer Kreises
in
Berlin,
Kochstrasse.

Bemerkungen.

Als Lohn oder Gehalt gelten bei der Invaliditäts- und Altersversicherung auch Tantiemen und Naturalbezüge (z. B. freies Logis, Garten- oder Landnutzung, Feuerung, Kuhweide ꝛc.) und zwar zum besondern Durchschnittswerth — nicht zum allgemeinen Durchschnittspreis. Um diesen Werth in vollem Umfange in Anrechnung zu bringen, bezeichne man die einzelnen Bezüge mit möglichster Genauigkeit.

Das Gesuch ist an die untere Verwaltungsbehörde*) zu richten, welche die Feststellung vorzunehmen hat.

Die Feststellung kann durch Beschwerde bei der vorgesetzten Behörde angefochten werden.

---

15. Eingabe wegen unrichtiger Beitragsentrichtung seitens des Arbeitsgebers.

(Führer Nr. 37, 165 ff., 183.)

Varel, den 2. Oktober 1891.

Seit dem 1. September d. Jrs. werde ich von dem Bauunternehmer Gottfried hierselbst als Zeichner beschäftigt und beziehe dafür ein Monatsgehalt von 90 Mark.

Mein Arbeitgeber hat für mich zur Invaliditäts- und Altersversicherung Marken der Lohnklasse III aufgeklebt, während nach meiner Ansicht solche der Lohnklasse IV zu verwenden gewesen wären.

Ich bitte dahin zu entscheiden:

daß für mich vom 1. September d. Jrs. ab Beiträge der Lohnklasse IV zu leisten sind.

Achtungsvoll

Architekt R. Jäger.

An
das Grossherzogliche Amt
in
Varel.

Bemerkungen.

Streitigkeiten zwischen Arbeitgebern und Arbeitnehmern darüber, ob und in welcher Lohnklasse Beiträge zu entrichten sind, werden von der für den Beschäftigungsort zuständigen „unteren Verwaltungsbehörde"*) entschieden. Gegen deren Entscheidung steht den Be-

---

*) Verzeichniß im Anhang II.

theiligten binnen 4 Wochen nach der Zustellung die Beschwerde (nach Formular 16) an die „höhere Verwaltungsbehörde“*) zu, welche endgültig entscheidet.

Ueber die Lohnklassen und die Beitragsleistung vergl. Führer Nr. 37 und 165 folgd.

Von den Angehörigen der Pensionskasse für die Arbeiter der Preuß. Eisenbahnverwaltung sind solche Gesuche bei Streitigkeiten über die Bemessung der Beiträge an die Aufsichtsbehörde derjenigen Eisenbahnbetriebs-, Werkstätten- oder Baukrankenkasse, deren Vorstand den Bezirksausschuß der Pensionskasse bildet, zu richten. Die Beschwerde dagegen geht an die betr. Eisenbahndirektion.

---

16. Beschwerde gegen die Entscheidung der unteren Verwaltungsbehörde betreffend Beiträge.

(Führer Nr. 183.)

Jever, den 6. März 1892.

Gegen die Entscheidung des Grossherzoglichen Amts in Jever vom 2. d. Mts. betreffend die Entrichtung von Beiträgen zur Invaliditäts- und Altersversicherung für die Wittwe Harm erhebe ich hiermit Beschwerde und beantrage

die Beiträge auf 20 Pf. für die Woche festzusetzen.

Der Stellung, welche die Genannte in meinem Haushalt einnimmt und ihrer Vergütung dürfte der Lohnsatz von 1,60 Mk. nicht entsprechen.

Achtungsvoll

A. Wolf,
Kaufmann.

An
das Grossherzogliche Staatsministerium, Departement
des Innern
in
Oldenburg.

Bemerkung.

Die Beschwerde muß binnen 4 Wochen nach der Zustellung der Entscheidung der „unteren Verwaltungsbehörde“ bei der höheren Verwaltungsbehörde erhoben werden, welche endgültig entscheidet. Es empfiehlt sich die anzuführenden neuen Thatsachen und Gesichtspunkte in der Beschwerdeschrift zu vermerken.

---

*) Verzeichniß im Anhang II.

17. Anzeige von der Unterlassung der Beitragszahlung.

(Führer Nr. 165, 173,
II. Aufl. Nr. 171, 172.)

Stettin, den 3. April 1892.

Der Badeanstaltsbesitzer Max Freitag hierselbst, Cöslinerstrasse 15, bei dem ich in Beschäftigung stand, hat es unterlassen, bei der Lohnzahlung am 31. v. Mts. die erforderlichen Marken für 5 Beitragswochen zur Invaliditäts- und Altersversicherung beizubringen.

Ich bitte, denselben nöthigenfalls durch Ordnungsstrafen zur nachträglichen Beschaffung und Verwendung der Marken anhalten zu wollen.

Meine Quittungskarte ist unter Rückerbittung beigefügt.

Achtungsvoll
E. Schade,
Badediener,
Friedrichstrasse 52.

An
den Magistrat
in
Stettin.

Bemerkung.

Ein solches Gesuch kann in jedem Falle, wenn es der Arbeitgeber unterläßt, Marken in zureichender Höhe rechtzeitig zu verwenden, bei der „unteren Verwaltungsbehörde"*) angebracht werden. Wegen Beschwerde siehe Formular 16 und Bemerkung.

---

18. Eingabe wegen unzulässiger Anrechnung von Beiträgen bei der Lohnzahlung.

(Führer Nr. 173, 183
II. Aufl. Nr. 172.)

Bingen den 2. Februar 1892.

Der Gastwirth Emil Hase hierselbst hat mir bei der letzten Lohnzahlung am 31. v. Mts. 1,95 Mk., nämlich die Hälfte der von ihm für mich zur Invaliditäts- und Altersversicherung auf 13 Wochen

*) Verzeichniß im Anhang II.

mit je 30 Pf., gezahlten Beiträge von zusammen 3,90 Mk., auf meinen Lohn angerechnet.

Da an den beiden letzten Lohnzahlungsperioden höchstens 9 Wochenbeiträge in Abzug kommen durften, so beantrage ich

die Erstattung der zu viel angerechneten 0,60 Mk. an mich — erforderlichenfalls durch Straffestsetzung — zu veranlassen.

Achtungsvoll

Gustav Flink,
Kellner.

An
das Grossherzogliche Kreisamt
in
Bingen.

Bemerkung.

Diese Erinnerung kann zu jeder Zeit bei der „unteren Verwaltungsbehörde"*) erhoben werden, eine Frist ist dafür nicht vorgeschrieben. Die Entscheidung erfolgt endgültig, so daß also eine weitere Anfechtung derselben unzulässig ist.

---

19. Eingabe des Versicherten wegen Erstattung von Beiträgen seitens des Arbeitgebers.

(Führer Nr. 174, 183.)

Buttstädt, den 3. August 1891.

Auf Grund des § 111 des Invaliditäts- und Altersversicherungsgesetzes habe ich ausweislich der unter Rückerbittung beigefügten Quittungskarte statt des Arbeitgebers im Voraus 3 Wochenbeiträge von je 20 Pfg. für die Zeit vom 14. bis 31. Juli d. Jrs. entrichtet. Da der Unternehmer Franz Hoffmann in Weimar, bei welchem ich während der angegebenen Zeit vorübergehend in Arbeit stand,

---

*) Verzeichniß im Anhang II.

die Erstattung der Hälfte der gezahlten Beiträge mit 30 Pfg. ablehnt, so ersuche ich um gefällige Entscheidung und weitere Veranlassung.

Achtungsvoll
Friedrich Schulze,
Tagelöhner.

An
den Grossherzoglichen
Herrn Bezirksdirektor
in
Weimar.

Bemerkung.

Soweit durch Bundesrathsbeschluß oder durch das Statut gewissen Klassen von Versicherten, welche nicht in einem regelmäßigen Arbeitsverhältniß zu einem bestimmten Arbeitgeber stehen — sogen. unständigen Arbeitern — die Befugniß ertheilt ist, die Versicherungsbeiträge selbst statt der Arbeitgeber im Voraus zu entrichten, können sie von ihrem betreffenden Arbeitgeber die Erstattung der Hälfte der von ihnen vollgezahlten Wochenbeiträge verlangen. Etwaige Streitigkeiten deshalb werden von der „unteren Verwaltungsbehörde"*) entschieden und zwar endgültig, so daß also die Entscheidung derselben nicht weiter anfechtbar ist.

---

20. Antrag auf Zurückzahlung zuviel erhobener Beiträge.

(Führer Nr. 184.)

Niesky, den 30. August 1891.

Nach der Entscheidung des Königlichen Landrathsamts in Görlitz vom 22. d. Mts. sind für den Architekten Jung von mir 5 Wochenbeiträge à 30 Pf. mit zusammen 1,50 Mark zu viel zur Invaliditäts- und Altersversicherung entrichtet worden.

Ich bitte den Betrag von der Versicherungsanstalt wiedereinziehen und an mich zurückzahlen zu wollen.

Die betreffende Quittungskarte füge ich unter Rückerbittung bei.

Achtungsvoll
J. Wagener,
Zimmermeister.

An
das Königliche Landrathsamt
in
Görlitz.

*) Verzeichniß im Anhang II.

Bemerkungen.

Nach endgültiger Erledigung des bezüglichen Streitverfahrens hat die „untere Verwaltungsbehörde" *) zu viel erhobene Beiträge von der Versicherungsanstalt wieder einzuziehen und nach Vernichtung der in die Quittungskarten eingeklebten betr. Marken und Berichtigung der Aufrechnungen bezw. nach Ausstellung neuer Quittungskarten an die betheiligten Arbeitgeber und Versicherten zurückzuzahlen.

---

21. Gesuch betreffend die Beibringung von Zusatzmarken.

(Führer Nr. 179, 180, 183.)

Gnesen, den 10. Oktober 1896.

Nachdem ich seit dem 1. Januar 1891 auf Grund meiner Beschäftigung als Geselle zur Invaliditäts- und Altersversicherung herangezogen war, sodann vom 1. August 1895 ab als selbständiger Schuhmachermeister mit zwei Gesellen selbstversichert gewesen bin, beschäftige ich seit dem 1. d. Mts. nur einen Gesellen und als Lehrling meinen Sohn, welcher neben freiem Unterhalt nur ein Taschengeld von 1 Mark wöchentlich von mir erhält.

Trotzdem bin ich von dem Vorstande der Versicherungsanstalt in Posen aufgefordert worden, auch fernerhin Doppelmarken zu verwenden.

Da für mich als Gesellen ausweislich der unter Rückerbittung beigefügten Bescheinigungen 236 Wochenbeiträge entrichtet worden sind, bitte ich auf Grund des § 118 des Reichsgesetzes vom 22. Juni 1889

meine Befreiung von der Beibringung von Zusatzmarken auszusprechen.

Achtungsvoll

Albert Starke,
Schuhmachermeister.

An
den Magistrat
in
Gnesen.

---

*) Verzeichniß im Anhang II.

Bemerkungen.

Wird von einem selbständigen Betriebsunternehmer (im Gewerbe, Handel, Landwirthschaft u. a. m.), nachdem für ihn auf Grund der Versicherungspflicht bereits mindestens 235 Wochenbeiträge entrichtet worden sind, das Versicherungsverhältniß freiwillig fortgesetzt bzw. erneuert, so ist er, so lange er regelmäßig nicht mehr als einen Lohnarbeiter (Hülfsperson gegen Lohn oder Gehalt) beschäftigt, von der Beibringung von Zusatzmarken befreit.

Ebenso kann, wenn ein zwischen einem Versicherten und einem bestimmten Arbeitgeber bestehendes Arbeits- oder Dienstverhältniß derart unterbrochen wird, daß ersterer aus der Versicherungspflicht vorübergehend ausscheidet (wie es besonders bei sogen. Saisonarbeitern, Winzern, Maurern u. a. häufig vorkommt), auch ohne Beibringung von Zusatzmarken das Versicherungsverhältniß während der Unterbrechung — aber nur für einen 4 Monate nicht übersteigenden Zeitraum — dadurch freiwillig aufrecht erhalten werden, daß der Arbeitgeber oder der Versicherte die bisherigen Beiträge fortentrichtet; für die überschießende Zeit sind aber Doppelmarken beizubringen.

Bei Streitigkeiten hierüber mit den Organen der Versicherungsanstalt wende man sich an die „untere Verwaltungsbehörde"*) des Orts des Betriebs. Gegen die Entscheidung derselben ist binnen 4 Wochen nach der Zustellung die Beschwerde (nach Formular 16) an die „höhere Verwaltungsbehörde"*) zulässig, welche endgültig entscheidet.

---

22. Beschwerde gegen die Auferlegung einer Strafe durch die „untere Verwaltungsbehörde" (Landrathsamt, Magistrat u. a.)

(Führer Nr. 178, 181, 186.)

Oderberg, den 11. April 1892.

Das Königliche Landrathsamt in Angermünde hat durch Strafverfügung vom 3. d. Mts. mir eine Strafe von 15 Mark auferlegt, weil (wegen) ich nur Marken der Lohnklasse I und nicht Doppelmarken verwendet habe.

Ich lege dagegen hiermit Beschwerde ein und bitte um Aufhebung bezw. Minderung der Strafe.

---

*) Verzeichniß im Anhang II.

Zur Rechtfertigung führe ich an:
Ich arbeite seit 1. Februar nur mit einem Gesellen und meinem Sohn, welcher ausser freier Station lediglich ein Taschengeld von wöchentlich 2 Mark erhält.

Achtungsvoll
August Weiss,
Tischlermeister.

An
den Königlichen Herrn
Regierungs-Präsidenten
in
Potsdam.

Bemerkung.

Strafverfügungen der „unteren Verwaltungsbehörde" können jederzeit — ohne gegebene Frist — bei der vorgesetzten Dienstbehörde angefochten werden. Letztere ist in den Bundesstaaten verschieden und beim Gemeindevorstand bezw. der Polizei zu erfahren. Wegen Ordnungsstrafen siehe auch Formulare 62, 63.

C. Erstattung von Beiträgen.*)

23. Gesuch um Ausstellung eines Geburtsattestes (Taufscheins.)

(Führer Nr. 26, 56, 57.)

Berlin, den 10. Februar 1891.

Zur Benutzung bei Geltendmachung eines Anspruchs aus dem Reichsgesetze vom 22. Juni 1889 über Invaliditäts- und Altersversicherung bitte ich auf Grund des § 140 desselben um gefällige gebühren- und stempelfreie Ausfertigung und Zusendung eines Geburtsattestes (Taufscheins).

Ich bin am 3. März 1821 in Breslau geboren, Sohn, (Tochter) des Gärtners Carl Schmid.

*) Siehe auch Formular 18, 19, 20.

Eine 10 Pf. Briefmarke für die Sendung füge ich hier bei.

Achtungsvoll
Portier Albert Schmid.

An
das evangelische Pfarramt
(Standesamt)
in
Breslau.

Bemerkung.

Liegt der Geburtsort außerhalb des deutschen Reichs, so empfiehlt sich noch folgender Zusatz:

Zugleich bitte ich ergebenst, die Unterschrift des Attestes durch den Kaiserlich deutschen Gesandten beglaubigen zu lassen.

---

24. Gesuch um Ausstellung einer Sterbeurkunde (Todtenscheins).

(Führer Nr. 56, 57.)

Königsberg i. Pr., den 7. Juli 1891.

Zur Benutzung bei Geltendmachung eines Anspruchs aus der Invaliditäts- und Altersversicherung bitte ich auf Grund des § 140 des Reichsgesetzes vom 22. Juni 1889 um gefällige gebühren- und stempelfreie Ausfertigung und Zusendung einer Sterbeurkunde meines am 16. Juni d. Jrs. in Memel verstorbenen Ehemannes des Fischers August Wilhelm Noack, geboren am 2. Januar 1841 in Danzig.

Eine 10 Pf. Briefmarke für die Sendung füge ich hier bei.

Achtungsvoll
Wittwe Marie Noack,
Langestrasse 63.

An
das Standesamt
in
Memel.

25. Gesuch um Erstattung von Beiträgen bei Verheirathung.

(Führer Nr. 56, 57.)

Friedrichsroda, den 10. Oktober 1895.

Nach dem beigefügten Heirathsattest bin ich am 2. Oktober d. Jrs. eine Ehe eingegangen, nachdem für mich zur Invaliditäts- und Altersversicherung vom 1. Januar 1891 ab für mehr als 5 Beitragsjahre Beiträge und zwar

180 Wochenbeiträge	à 14 Pfg.	=	25,20 Mark
63 "	à 20 "	=	12,60 "
	zusammen		37,80 Mark

entrichtet worden sind, ohne daß ich in den Genuß einer Rente gelangt bin.

Da ich aus dem Versicherungsverhältniß geschieden bin, ersuche ich unter Ueberreichung der Quittungskarte auf Grund der §§ 30, 95 des Reichsgesetzes vom 22. Juni 1889

um Zurückzahlung der Hälfte obiger Beiträge mit 19,90 Mark.

Achtungsvoll

Auguste Stock, geb. Reich.

An
den Vorstand der thüringischen
Versicherungsanstalt*)
in
Weimar.

Bemerkungen.

Ein Anspruch auf Rückerstattung von Beiträgen entsteht erst dann, wenn für mindestens 5 Beitragsjahre d. h. für 5 × 47 = 235 Wochen Beiträge entrichtet worden sind; das Formular ist daher frühestens im Juli 1895 anwendbar.

Das Gesuch muß binnen 3 Monaten nach der Verheirathung bei dem Vorstande derjenigen Versicherungsanstalt, an welche zuletzt

---

*) Verzeichniß im Anhang I.

Beiträge entrichtet (d. h deren Marken zuletzt verwendet) worden sind, angebracht werden.

Gegen ablehnende Bescheide ist Berufung zulässig.

26. Gesuch um Erstattung von Beiträgen beim Tode des Ehemannes.

(Führer Nr. 56, 57.)

Potsdam, den 5. Januar 1896.

Nach anliegender Sterbeurkunde ist mein Ehemann verstorben. Derselbe hatte bereits für mehr als 5 Beitragsjahre auf Grund des Invaliditäts- und Altersversicherungsgesetzes vom 22. Juni 1889 Beiträge entrichtet, ohne in den Genuß einer Rente gelangt zu sein.

Unter Ueberreichung einer Heiraths-Urkunde und der Quittungskarte ersuche ich auf Grund der §§ 31, 95 des bezeichneten Gesetzes

um Zurückzahlung der Hälfte der für meinen Mann geleisteten Beiträge.

Eine Unfallrente wird mir aus Anlaß des Todes meines Mannes nicht gewährt.

Achtungsvoll
Wittwe Marianne Klemm,
geb. Gross.
Breitestrasse Nr. 4.

An
den Vorstand der
Versicherungsanstalt für
die Provinz Brandenburg*)
in
Berlin.

Bemerkungen.

Dieses Formular ist ebenfalls erst vom Juli 1895 ab anwendbar, da zunächst für mindestens 5 Beitragsjahre (d. h. 5 × 47 = 235 Wochen) die Beiträge entrichtet sein müssen, ehe ein Anspruch auf Rückzahlung entsteht.

---

* Verzeichniß im Anhang I.

Das Gesuch kann jederzeit bei dem Vorstande derjenigen Versicherungsanstalt, an welche zuletzt Beiträge entrichtet (d. h. deren Marken zuletzt verwendet) worden sind, angebracht werden. Gegen ablehnenden Bescheid ist Berufung zulässig.

27. Gesuch um Erstattung von Beiträgen beim Tode des Vaters.

(Führer Nr. 56, 57.)

Riesa, den 20. Juni 1896.

Nach anliegender Sterbeurkunde ist der Glaser Christian Vogel zu Riesa am 15. Mai d. Jrs. verstorben. Für denselben waren zur Invaliditäts- und Altersversicherung bereits für mehr als 5 Beitragsjahre Beiträge entrichtet, ohne daß er in den Genuß einer Rente gelangt ist.

Unter Ueberreichung

a) einer Quittungskarte mit 10 Marken à 24 Pf. und 26 Marken à 30 Pf.,
b) zweier Geburtsurkunden der hinterlassenen noch nicht 15 Jahre alten, ehelichen Kinder Carl und Anna,
c) einer gerichtlichen Bescheinigung, aus welcher hervorgeht, daß die Mutter der Kinder bereits verstorben ist,

. . . .

ersuche ich als Vormund der Kinder auf Grund der §§ 31, 95 des Reichsgesetzes vom 22. Juni 1889 um Zurückzahlung der Hälfte der für den Verstorbenen geleisteten Beiträge.

Aus Anlaß des Todes desselben wird den Hinterbliebenen eine Unfallrente nicht gewährt.

Achtungsvoll
Hermann Weiss,
Betriebs-Sekretär.

An
den Vorstand der Versicherungsanstalt*) für das Königreich Sachsen
in
Dresden.

*) Verzeichniß im Anhang I.

Bemerkungen.

Siehe Bem. zu Form. 26.

Durch Erbeslegitimationsatteste oder sonstige Bescheinigungen ist nachzuweisen, daß eine Wittwe nicht vorhanden ist und noch nicht 15 Jahre alte, eheliche Kinder beim Tode des Vaters hinterblieben sind.

---

28. Gesuch um Erstattung von Beiträgen beim Tode der Mutter.

(Führer Nr. 56, 57.)

Speyer, den 6. August 1896.

Nach anliegender Sterbeurkunde ist am 2. Juli d. Jrs. die Wittwe Emilie Hahn geb. Vogel in Speyer verstorben. Für dieselbe waren zur Invaliditäts- und Altersversicherung bereits für mehr als 5 Beitragsjahre Beiträge entrichtet, ohne daß sie in den Genuß einer Rente gelangt ist.

Unter Ueberreichung

a) einer Quittungskarte mit 10 Marken à 14 Pf. und 8 Marken à 20 Pf.,

b) einer Geburtsurkunde des hinterlassenen, noch nicht 15 Jahre alten, unehelichen Kindes Martha

. . . .

ersuche ich als Vormund des Kindes auf Grund der §§ 31, 95 des Reichsgesetzes vom 22. Juni 1889 um Zurückzahlung der Hälfte der für die Verstorbene geleisteten Beiträge.

Aus Anlaß des Todes derselben wird den Hinterbliebenen eine Unfallrente nicht gewährt.

Achtungsvoll

Wilhelm Treu,
Kaufmann.

An
den Vorstand der Versicherungs-
Anstalt für Rheinhessen*)
in
Zweibrücken.

---

*) Verzeichniß im Anhang I.

Bemerkungen.

Siehe Bemerkungen zu Formular 26.

Durch Erbeslegitimationsatteste oder sonstige Bescheinigungen ist nachzuweisen, welche noch nicht 15 Jahre alte Kinder der Verstorbenen bei deren Tode vorhanden waren, ob sie ehelich oder unehelich und ob sie vaterlos sind. Letzteres wird bei ehelichen Kindern dadurch nachgewiesen werden, daß in der Sterbeurkunde die Wittwenschaft der Verstorbenen attestirt wird.

Gegen ablehnende Bescheide ist Berufung zulässig.

---

29. Berufung gegen die Ablehnung der Erstattung von Beiträgen.

(Führer Nr. 56, 57.)

Hennef, den 2. November 1896.

Berufungsschrift. Gegen den Bescheid des Vorstandes der Versicherungsanstalt in Dresden vom 21. v. Mts., durch welchen der erhobene Anspruch auf Erstattung von Beiträgen abgelehnt worden ist, lege ich hierdurch Berufung ein mit dem Antrage:

den Anspruch anzuerkennen.

Zur Begründung führe ich an:

Mein Mündel Emma Stock ist zwar von ihrem Erzeuger anerkannt und zeitweise alimentirt worden, nach den hiesigen Gesetzen wird sie als uneheliches Kind dessenungeachtet als vaterlos gelten müssen und denentsprechend auch laut § 31 des Reichsgesetzes von 22. Juni 1889 den in Frage stehenden Anspruch erheben dürfen.

Abschrift liegt bei.

Christian Weise,
Lehrer,
als Vormund.

An
den Vorsitzenden des Schiedsgerichts,
Königl. Landgerichtsrath Herrn Wachs
in
Bonn.

Siehe Bemerkungen zu Fomular 56.

30. Berufung gegen Erstattung von Beiträgen in zu geringem Betrage.

(Führer Nr. 56, 57.)

Burgk, den 20. Oktober 1898.

Berufungsschrift. Gegen den Bescheid des Vorstandes der Versicherungsanstalt in Weimar vom 14. d. Mts., durch welchen der Betrag der zu erstattenden Beiträge auf 17 Mark festgestellt worden ist, lege ich hierdurch Berufung ein mit dem Antrage:

die Erstattung in Höhe von 20,50 Mark eintreten zu lassen.

Zur Begründung führe ich an:

Nach dem Ausscheiden aus meinem Dienst habe ich in den Jahren 1896 und 1897 als Waschfrau Erwerb gefunden und in Selbstversicherung die erforderlichen Marken im Gesammtbetrage von 7 Mark verwendet, wovon nach meiner Ansicht mir nunmehr gleichfalls die Hälfte zu erstatten ist.

Abschrift liegt bei.

Louise Mörike,
Gastwirthsfrau.

An
den Vorsitzenden des Schiedsgerichts
Herrn Landrichter Hennig
in
Greiz.

Siehe Bemerkungen zu Formular 56.

---

31. Revisionsschrift.

(Führer Nr. 56, 57.)

Hennef, den 12. Februar 1897.

Revisionsschrift. Gegen die Entscheidung des Schiedsgerichts zu Bonn vom 30. v. Mts. betreffend die Erstattung von Beiträgen, welche zur Invaliditäts- und Altersversicherung entrichtet worden sind, lege ich hierdurch die Revision ein mit dem Antrage, dahin zu entscheiden:

daß die Erstattung in dem beanspruchten Umfange einzutreten habe.

Die schiedsgerichtliche Entscheidung wird deshalb angefochten, weil:

sie bestreitet, dass mein Mündel als vaterlos zu gelten habe, während unter den dargethanenen Umständen und nach hiesigem Landesrecht die Vaterlosigkeit feststehen dürfte.

Abschrift liegt bei.

Christian Weise,
Lehrer,
als Vormund
der Emma Stock.

An
das Reichsversicherungsamt
Abtheilung für die Invaliditäts- und Altersversicherung
in
fr. Berlin W.

Siehe Bemerkungen zu Formular 60.

D. Quittungskarten.

32. Beschwerde über die Ablehnung der Ausstellung einer Quittungskarte.

(Führer Nr. 170,
II. Aufl. Nr. 160.)

Berlin, den 4. Januar 1891.

Seitens der hiesigen Revierpolizei wird mir die Ausstellung einer Quittungskarte zur Invaliditäts- und Altersversicherung abgelehnt, weil ich nicht zu den Hausgewerbetreibenden im Sinne des Gesetzes zu zählen sei.

Ich erhebe dagegen hierdurch Beschwerde mit der Bitte

die Ausstellung einer Quittungskarte für für mich veranlassen zu wollen.

Zur Rechtfertigung führe ich an:

Nach anliegendem Zeugniss erhalte ich von dem Konfektionsgeschäft A. Hahne hierselbst zu verschiedenen Zeiten im Jahre Aufträge zur Anfertigung grösserer Partien Mäntel, theils aus den mir gegebenen, theils aus zu diesem Zwecke von mir anzukaufenden Stoffen.

Achtungsvoll
Clara Berthold,
Wittwe.

An
den Königlichen Herrn
Oberpräsidenten
Excellenz
in
Potsdam.

Bemerkungen.

In allen das Verfahren hinsichtlich der Quittungskarten betreffenden Angelegenheiten kann, soweit nicht die folgenden Formulare Abweichendes anzeigen, die Beschwerde an die vorgesetzte Dienstbehörde erhoben werden, welche endgültig entscheidet. Siehe auch Formulare 3 und 4.

---

33. Antrag auf Anerkennung der weiteren Gültigkeit einer abgelaufenen Quittungskarte.

(Führer Nr. 168, 169.)

Kamenz, den 11. Februar 1895.

Der rechtzeitige Umtausch der anliegenden Quittungskarte ist ohne mein Verschulden von mir verabsäumt worden, da ich Mitte Dezember v. Jrs. von einem schweren Nervenfieber befallen worden bin und bisher, wie der Vorstand des hiesigen Lazaruskrankenhauses mir bescheinigen wird, in einem theils besinnungslosen, theils jede geschäftliche Besorgung verbietenden, schwachen Zustande mich befunden habe.

Ich bitte deshalb um Anerkennung der fortdauernden Gültigkeit der Quittungskarte.

Achtungsvoll
Auguste Schröder,
Tagelöhnerin.

An
den Vorstand der Versicherungsanstalt*)
in
Dresden.

---

*) Verzeichniß im Anhang I.

Bemerkungen.

Jede Quittungskarte verliert ihre Gültigkeit und spätere Verwendbarkeit, wenn sie nicht bis zum Schlusse des dritten Jahres, welches dem am Kopf der Karte verzeichneten Jahre folgt (also z. B. bis Ende 1894, wenn sie vom Jahre 1891 datirt), zum Umtausch eingereicht worden ist. Wer jedoch glaubhaft machen kann, daß er ohne sein Verschulden den ordnungsmäßigen Umtausch verabsäumt hat, darf bei dem Vorstand der Versicherungsanstalt seines Beschäftigungsorts die Anerkennung der weiteren Gültigkeit beantragen. Als Entschuldigung wird auch hohes Alter sowie der Umstand gelten können, daß der Versicherte in seiner zurückgezogenen Lebensweise oder dadurch, daß die Lohnarbeit seine ganze Zeit ausfüllt, sich nicht um die gesetzlichen Vorschriften hat kümmern können und erst jetzt von der Nothwendigkeit des Umtauschs vernommen hat.

---

34. Gesuch um Umtausch einer Quittungskarte.

(Führer Nr. 168,
II. Aufl. Nr. 167.)

Erfurt, den 23. Januar 1892.

Bei Ueberreichung meiner mit 32 Marken à 30 Pf. und 20 Marken à 24 Pf. beklebten Quittungskarte Nr. 1 bitte ich, dieselbe gegen eine neue umzutauschen, auch eine Bescheinigung über den Inhalt der Karte ausstellen und mir zugehen zu lassen.

Zugleich füge ich unter Rückerbittung bei:

eine Bescheinigung des Krankenkassen-Vorstandes der hiesigen Schlosserinnung über eine anzurechnende Krankheitszeit.

Ferner überreiche ich

a) ein Zeugniß des Schlossermeisters Vogel in Ansbach vom 3. Februar 1891 über meine Beschäftigung vor dem 1. Januar 1891 sowie

b) ein Krankheitsattest der Ortskrankenkasse in Weimar vom 19. Juli 1890

mit der Bitte, diese Nachweise der betreffenden Versicherungsanstalt behufs Aufbewahrung zu übermitteln, auch mir darüber eine Empfangsbescheinigung zugehen zu lassen.

Achtungsvoll
Gottlieb Krättig,
Schlossergeselle,
Nürnbergergasse 15.

An
die Ortspolizeibehörde
hierselbst.

Bemerkungen.

Ist die Quittungskarte mit Marken vollbeklebt, so erfolgt der Umtausch kostenfrei. Auch wenn die Karte noch nicht vollbeklebt ist, kann zu jeder Zeit die Ausstellung einer neuen Quittungskarte gegen Rückgabe der älteren Karte, dann aber auf eigene Kosten beansprucht werden. Die zuständige Stelle hat dem Inhaber der zurückgegebenen Karte über den Inhalt derselben eine Bescheinigung zu ertheilen, aus welcher ersichtlich ist, wieviel Beitragswochen für die einzelnen Lohnklassen anzurechnen sind; in derselben ist zugleich die Dauer der bescheinigten Krankheiten sowie der militärischen Dienstleistungen anzugeben.

Wegen des Einspruchs gegen die Bescheinigung oder die neue Quittungskarte siehe Formular 36.

In Preußen ist angeordnet worden, daß auf Antrag des betr. Versicherten oder seines Arbeitgebers die Ausgabestellen mit einer Quittungskarte zugleich die Bescheinigungen und Nachweise über Beschäftigungen und Krankheitszeiten, welche in die Zeit vor dem Inkrafttreten des Gesetzes (1. Januar 1891) fallen, anzunehmen und mit der Quittungskarte an die Versicherungsanstalt des Bezirks behufs Weitergabe und Aufbewahrung bei derjenigen Versicherungsanstalt, an welche die betreffende Quittungskarte abzugeben ist, zu übersenden haben.

Das gleiche wird auch in anderen Bundesstaaten der Fall sein.

Man behalte sich vorsichtshalber Abschrift oder wenigstens Notizen vom Inhalt der Nachweise zurück.

35. Gesuch um Ausstellung einer Gesammt-Bescheinigung über geleistete Beiträge.

(Führer Nr. 167, 168.)

Güstrow, den 20. Januar 1895.

Seit 1. Januar 1891 habe ich Beiträge zur Invaliditäts- und Altersversicherung geleistet. Die mir bei Umtausch meiner auf den Namen der dortigen Versicherungsanstalt lautenden Quittungskarten zugefertigten Bescheinigungen sind mir leider bei einem Brande, der wie anliegendes Polizeiattest ergiebt, mein Hab und Gut fast gänzlich zerstört hat, abhanden gekommen.

Indem ich meine gegenwärtige Quittungskarte unter Rückerbittung beifüge, bitte ich mir eine Gesammtbescheinigung über die bisherigen Beitragswochen ausstellen und zugehen lassen zu wollen.

Achtungsvoll
Christian Meier,
Kellner.

An
die Versicherungsanstalt*)
für Mecklenburg
in
Schwerin.

36. Einspruch gegen den Inhalt einer Bescheinigung über Quittungskarten-Inhalt.

(Führer Nr. 170,
II. Aufl. Nr. 169.)

Holzminden, den 5. September 1892.

Bei Umtausch meiner Quittungskarte ist mir über das Ergebniß der Aufrechnung die beigefügte Bescheinigung ertheilt worden. Gegen dieselbe erhebe ich hierdurch Einspruch mit dem Antrage, sie dahin zu ändern, daß mir im Ganzen 45 Marken II. Lohnklasse gutzuschreiben seien.

Nach meiner Entlassung aus dem Krankenhause am 2. Mai d. J. habe ich nämlich noch 5 Wochen zur vollen Genesung und Kräftigung bei meinem Oheim dem Büdner Elmen in Gernrode zubringen müssen und bin während dieser Zeit noch unfähig zur Wiederaufnahme meiner schweren Arbeit und somit erwerbs-

*) Verzeichniß im Anhang I.

unfähig gewesen, weshalb auch diese Zeit mir als Beitragszeit anzurechnen sein dürfte. Ueber meinen Aufenthalt in Gernrode füge ich beiliegendes Attest des Ortsvorstandes daselbst bei.

Achtungsvoll
Ludwig Pohl,
Musiker.

An
den Gemeindevorstand
in
Holzminden.

Bemerkung.

Der Einspruch muß binnen 2 Wochen nach Aushändigung der Bescheinigung bei der Behörde, welche dieselbe ertheilt hat, erhoben werden. Spätere Anfechtung ist ausgeschlossen. Gegen den Bescheid ist Rekurs (nach Formular 37) zulässig.

Seeleute welche angemustert werden, können auf gleiche Weise den Inhalt der ihnen über die Beitragswochen ertheilten Nachweisungen anfechten.

---

37. Rekurs wegen des Inhalts einer Bescheinigung über Quittungskarten.

(Führer Nr. 170,
II. Aufl. Nr. 169.)

Holzminden, den 21. September 1892.

Gegen den hier beigefügten Bescheid des hiesigen Gemeindevorstandes vom 15. d. Mts., durch welchen mein Einspruch wegen des Inhalts der mir ausgefertigten Bescheinigung über meine umgetauschte Quittungskarte zurückgewiesen worden ist, lege ich auf Grund des § 106 des Invaliditäts- und Altersversicherungsgesetzes hierdurch **Rekurs** ein.

Ich füge noch ein Attest des Ortskrankenkassen-Vorstandes in Gernrode hierbei und bitte, auch die mir auferlegten Portokosten des Einspruchverfahrens niederzuschlagen.

Achtungsvoll
Ludwig Pohl,
Musiker.

An
die Herzogliche Kreisdirektion
in
Holzminden.

Bemerkung.

Der Rekurs muß binnen 14 Tagen nach Aushändigung des Bescheids auf den erhobenen Einspruch bei der der bescheinigenden Behörde unmittelbar vorgesetzten Dienstbehörde eingereicht werden. Der Rekursschrift können neue Gründe, Anführungen und Beweise hinzugefügt werden.

---

38. Antrag auf Ersetzung einer verlorenen unbrauchbar gewordenen oder zerstörten oder mit unzulässigen Eintragungen versehenen Quittungskarte.

(Führer Nr. 168, 169, 172/3.)

Vilbel, den 9. October 1892.

Meine Quittungskarte über Invaliditäts- und Altersversicherung ist mir bei meinem in voriger Woche stattgehabten Umzuge verloren gegangen. Ich bitte deshalb mir eine neue Quittungskarte ausstellen und in dieselbe die auf die alte Karte entrichteten Beiträge übertragen zu wollen.

Nach der anliegenden Bescheinigung des Prokuristen Müller und des Buchhalters Lau sind für mich während der Zeit vom 1. April d. Jrs., seitdem ich in meiner jetzigen Stellung bin, regelmäßig monatlich die Beiträge der Lohnklasse III durch Aufkleben der Marken entrichtet, zuletzt am 1. September 5 Marken, so daß für mein jetziges Dienstverhältniß bereits 21 solche Marken eingeklebt waren. Nach demselben Attest und der anliegenden Bescheinigung meines letzten Principals, des Holzhändlers Reiche, waren bei meinem Ausscheiden aus meiner Stelle bei demselben mindestens 10 Marken der IV. Lohnklasse der Quittungskarte bereits aufgeklebt.

Achtungsvoll
Emil Treu,
Buchhalter.

An
die Gemeindebehörde
hierselbst.

Bemerkung.

Die Uebertragung der bis zum Verlust der Quittungskarte entrichteten Beiträge erfolgt nur, wenn die Leistung derselben nachgewiesen wird. Das Gesuch ist an die durch öffentliche Bekanntmachung bezeichnete Stelle zu richten.

39. Strafanzeige wegen Vermerke u. dgl. auf der Quittungskarte und Antrag auf Umtausch der Karte.

(Führer Nr. 172,
II. Aufl. Nr. 173.)

Schleiz, den 5. November 1891.

Der Fabrikbesitzer Franz Lange in Gera, bei welchem ich in Arbeit (Dienst) stand, hat mir am 30. v. Mts. meine beiliegende Quittungskarte mit einem Vermerke zurückgegeben, welcher in schwarzer Tinte der letzten Marke an der unteren Seite hinzugefügt ist, und welcher laut Verabredung der Fabrikbesitzer des hiesigen Bezirks eine denselben bekannte besondere Bedeutung hinsichtlich des Versicherten trägt.

Auf Grund der §§ 108, 151 beantrage ich daher mir die Quittungskarte durch eine neue zu ersetzen, sowie den Genannten zur Bestrafung zu ziehen.

Achtungsvoll
Hermann Kraft,
Arbeiter.

An
den Gemeindevorstand
in
Gera.

Bemerkung.

Die Eintragung eines Urtheils über die Führung oder die Leistungen des Inhabers, sowie sonstige nicht gesetzlich vorgesehene Eintragungen oder Vermerke in oder an der Quittungskarte sind unzulässig und strafbar. Jede Behörde muß solche Karten einbehalten und die Ersetzung durch neue veranlassen.

40. Einspruch gegen die Uebertragung in die neue, als Ersatz für eine verlorene, unbrauchbar gewordene oder zerstörte ausgefertigte Quittungskarte.

(Führer Nr. 170,
II. Aufl. Nr. 169.)

Wegeleben, den 15. Oktober 1891.

An Stelle einer verlorenen Quittungskarte ist mir dortseits am 10. d. Mts. die anliegende, neue Karte ausgefertigt worden; in dieselbe ist die früher bereits erfolgte Entrichtung von 24 Wochenbeiträgen der Lohnklasse IV. übertragen. Gegen diese Uebertragung erhebe ich hierdurch Einspruch mit dem Antrage, die 24 Wochenbeiträge in 31 umzuändern. Zum Nachweis überreiche ich noch eine Bescheinigung meines früheren Dienstherrn über meine von ihm im letzten Jahre bezogenen Gehaltsraten und die von ihm verwendeten Marken.

Achtungsvoll
Alfred Rüger.
Kutscher.

An
den Magistrat
in
Wegeleben.

Bemerkung.

Der Einspruch muß binnen 2 Wochen nach Aushändigung der neuen Quittungskarte bei der Behörde, welche sie ausgefertigt hat, erhoben werden. Gegen den Bescheid ist Rekurs (nach Formular 41) zulässig.

41. Rekurs wegen der Uebertragung in die neue, als Ersatz für eine verlorene ꝛc. ausgefertigte Quittungskarte.

(Führer Nr. 170,
II. Aufl. Nr. 169.)

Wegeleben, den 30. Oktober 1891.

Gegen den Bescheid des Magistrats hierselbst vom 25. d. M., durch welchen mein Einspruch wegen Uebertragung entrichteter Beiträge in eine für mich neu ausgefertigte Quittungskarte zurückgewiesen worden ist, lege ich auf Grund des § 106 des Invaliditäts- und Altersversicherungsgesetzes hierdurch Rekurs ein.

Achtungsvoll
Alfred Rüger,
Kutscher.

An
die Königliche Regierung
in
Magdeburg.

Bemerkung.

Der Rekurs muß binnen 14 Tagen nach Aushändigung des Bescheids auf den erhobenen Einspruch bei der der betreffenden Behörde unmittelbar vorgesetzten Dienstbehörde eingereicht werden. Der Rekursschrift können neue Gründe, Anführungen und Beweise hinzugefügt werden.

---

42. Gesuch an die Polizei bei Zurückbehaltung der Quittungskarte seitens des Arbeitgebers.

(Führer Nr. 172,
II. Aufl. Nr. 173.)

Königsberg, den 11. Januar 1892.

Der Rentier Otto Klein hierselbst, Langestrasse No. 24, hält meine Quittungskarte gegen meinen Willen zurück und verweigert mir deren Herausgabe.

Ich bitte deshalb auf Grund des § 108 des Invaliditäts- und Altersversicherungsgesetzes ergebenst, demselben die Karte abnehmen und sie mir aushändigen zu lassen.

Achtungsvoll
Emma Roland,
Breitestrasse 5, bei Müller.

An
das Königl. Polizeipräsidium
hierselbst.

Bemerkung.

Dem Arbeitgeber sowie Dritten (auch Behörden) ist untersagt, die Quittungskarte nach Einklebung der Marken wider den Willen des Inhabers (Versicherten) zurückzubehalten. Dies bezieht sich aber nicht auf solche Behörden und Organe, welche Karten zum Zwecke des Umtausches, der Kontrole, Berichtigung, Aufrechnung oder Uebertragung zurückbehalten.

Unrechtmäßig zurückbehaltene Quittungskarten hat die Ortspolizeibehörde, an welche also bezügliche Gesuche zu richten sind, dem Zuwiderhandelnden abzunehmen und dem Berechtigten auszuhändigen. Der letztere kann alle Nachtheile, welche ihm aus der Zurückbehaltung erwachsen, ersetzt verlangen.

Der Zuwiderhandelnde zieht sich Geldstrafe bis 300 Mark oder Haftstrafe zu.

---

43. Hinterlegung der Quittungskarte.

(Führer Nr. 177.)

Coswig, den 10. April 1891.

In der Anlage erlaube ich mir, meine Quittungskarte mit der Bitte zu überreichen, dieselbe bis auf Weiteres für mich dort aufbewahren und die entsprechenden Marken darin einkleben zu wollen.

Achtungsvoll

Auguste Schwarz.
Dienstmagd.

An
die Ortspolizei
hierselbst.

Bemerkung.

Die Behörde oder Stelle, welche mit der Einziehung der Beiträge befaßt ist, hat auf Wunsch des Versicherten, dessen Quittungskarte an sich zu nehmen und demselben solange aufzubewahren, als er in dem Bezirke der Behörde oder Stelle versichert ist.

Seeleute können die Karten bei den Seemannsämtern hinterlegen, welche auch für den Umtausch Sorge zu tragen und die dabei ausgestellten Bescheinigungen aufzubewahren haben.

---

44. Gesuch um Herausgabe einer hinterlegten Quittungskarte.

(Führer Nr. 177.)

Breslau, den 5. Mai 1890.

Unter Beifügung der anliegenden Empfangsbescheinigung ersuche ich ergebenst, mir meine dort hinterlegte Quittungskarte gefälligst hierhersenden zu wollen.

Achtungsvoll

August Schmidt,
Schlossergeselle.

An
die Ortskrankenkasse
in
Fraustadt.

E. Geltendmachung der Rentenansprüche.

Vorbemerkungen.

I. Invalidenrente.

1. Invalidenrente im Betrage von etwa 111 bis über 400 Mark erhält der Versicherte sobald und solange er dauernd (wenn auch nicht lebenslänglich oder gänzlich) erwerbsunfähig ist, d. h. durch eine seinen Kräften und Fähigkeiten entsprechende Lohnarbeit nicht mehr einen gewissen Mindestbetrag an Lohn (ungefähr 1/3 seines bisherigen Lohns*) verdienen kann. Aber auch schon, wer ein volles Jahr hindurch ununterbrochen erwerbsunfähig gewesen ist, hat Anspruch auf die Rente, allerdings dann ebenfalls nur auf die weitere Dauer seiner Erwerbsunfähigkeit.

2. So lange der Empfänger daneben eine Rente aus der Unfallversicherung oder als früherer Beamte oder Militär Pension oder Wartegeld bezieht, erhält er die Invalidenrente nur in solchem Betrage, daß beide Renten bzw. Rente und Pension oder Wartegeld zusammen sich auf 415 Mark belaufen.

3. Wer sich erweislich die Erwerbsunfähigkeit vorsätzlich oder bei Begehung eines durch strafgerichtliches Urtheil festgestellten Verbrechens zugezogen hat, kann aber keine Rente verlangen; ebensowenig, wenn er sich bei Krankheiten den Fürsorge-Maßnahmen der Versicherungsanstalt entzogen hat.

4. Ist die Erwerbsunfähigkeit durch einen Unfall herbeigeführt, demzufolge dem Verletzten eine Unfallrente zusteht, so ist es doch, um baldigst in den Genuß einer Rente zu kommen, empfehlenswerth — besonders in zweifelhaften Fällen — zunächst die Bewilligung der Invalidenrente nachzusuchen und die Herbeiführung der Festsetzung der Unfallrente, sowie die Auseinandersetzung mit der betr. Betriebsgenossenschaft der Versicherungsanstalt zu überlassen.

---

*) Die genauere Berechnung dieses Mindestbetrags im Führer Nr. 28.

5. Ein Anspruch auf Invalidenrente ist erst erworben, wenn für 235 Wochen (Wartezeit) Beiträge geleistet worden sind, darauf kommen diejenigen Wochen in Anrechnung, während welcher der Versicherte durch Einziehung zum Militär oder durch nichtselbstverschuldete Krankheit (von mindestens 7tägiger Dauer) die Arbeit oder den Dienst hat unterbrechen müssen.

6. Für die ersten 5 Jahre nach dem 1. Januar 1891 wird aber von Versicherungspflichtigen vergünstigungsweise gesetzlich nur verlangt, daß

a) wenigstens auf 47 Wochen die Beiträge entrichtet worden sind, und

b) der Versicherte erweislich schon vor dem 1. Januar 1891 — aber innerhalb 5 Jahre vor Eintritt seiner Erwerbsunfähigkeit — soviel Wochen in einem Arbeits- bzw. Dienstverhältniß gestanden hat, als nach Abzug der Beitragswochen zu a) noch an 235 Wochen fehlen,

wobei die Zeit von Krankheiten und Militärdienst, sowie vorübergehender unfreiwilliger Arbeitsunterbrechungen bei seinem Arbeitgeber mit in Anrechnung kommen.

Näheres im „Führer" Nr. 33, 44, 46 und in der „Rententafel".

II. Altersrente.

7. Altersrente im Betrage von 106,40 bis 191 Mark jährlich erhält, ohne daß Erwerbsunfähigkeit vorzuliegen braucht, jeder Versicherte, sobald er das 70. Lebensjahr vollendet hat, vorausgesetzt, daß er nicht Invalidenrente bezieht. Steht ihm auch eine Unfallrente oder Pension oder Wartegeld zu, so tritt die oben zu 2 vermerkte Kürzung ein.

Auch für die Erwerbung eines Anspruchs auf Altersrente ist die Zurücklegung einer Wartezeit erforderlich und zwar einer solchen von 1410 Wochen, die also frühestens im Jahre 1918 ablaufen könnte.

Damit indessen auch bis dahin schon Altersrenten bezogen werden können, sind für diejenigen, welche am

1. Januar 1891 schon 40 Jahr alt waren, folgende leichtere Bedingungen durch das Gesetz aufgestellt, nämlich:

a) Der Betreffende muß während der 3 Jahre 1888, 1889, 1890 nachweisbar insgesammt mindestens 141 Wochen hindurch in Lohnarbeit oder Dienst gestanden haben und ferner

b) müssen für ihn nach dem 1. Januar 1891 auf soviel Wochen Beiträge entrichtet worden sein, als von 1410 übrig bleiben, wenn davon so oftmals 47 abgezogen wird, als der Betreffende am 1. Januar 1891 volle Jahre älter als 40 Jahre war. Wer z. B. im März 1892 70 Jahre alt wird, hatte am 1. Januar 1891 68 volle Lebensjahre, also 28 mehr als 40 und braucht demnach nur noch 1410 weniger 28×47=1316 also nur 94 Wochenbeiträge nachzuweisen.

Als Arbeits- und Beitragswochen kommen auch hier, wie oben zu 5. vermerkt, die Zeiten von Krankheiten, Militärdienst und vorübergehender Arbeitspausen mit in Anrechnung.

Wer am 1. Januar 1891 schon 70 Jahre alt ist, kann hiernach unter der Voraussetzung zu a) alsbald die Altersrente beanspruchen, wenn er durch den Besitz einer Quittungskarte sich als Versicherter legitimirt.

Näheres im „Führer“ Nr. 33, 45—47 und in der „Rententafel“.

III. Erforderliche Nachweise.

8. Ueber die nach Vorstehendem zu berücksichtigende Arbeits- und Dienstzeit sowie über mitanzurechnende Krankheiten, Arbeitspausen und Militärdienst muß nach dem Gesetze der Versicherte sich selbst die erforderlichen Nachweise beschaffen. Behördlicherseits geschieht dies nicht.

Vermag der Betreffende dereinst bei Anmeldung eines Rentenanspruchs genügende Nachweise nicht beizubringen, so kann sein Rentenanspruch unwiederbringlich verlorengehen.

Es ist daher einem Jeden dringend anzurathen, sich unverzüglich schon jetzt die nöthigen Nachweise zu beschaffen und dieselben sich dann sorgfältig aufzubewahren.

9. Als solche Nachweise verlangt das Gesetz:

a) Bescheinigungen der Arbeitsgeber, welche von einer öffentlichen Behörde*) beglaubigt**) sein müssen, bezw.

b) Bescheinigungen der unteren Verwaltungsbehörden, welche für die in Betracht kommenden Beschäftigungsorte zuständig sind.

c) Zum Nachweise einer Krankheit zu 5 genügt die Bescheinigung des Vorstandes derjenigen Krankenkasse†), bezw. eingeschriebenen oder auf Grund landesrechtlicher Vorschriften errichteten Hülfskasse, welcher der Betreffende angehört hat; für die Zeit aber, welche über die Dauer der von jenen Kassen zu gewährenden Krankenunterstützung hinausreicht, sowie für die Personen, welche einer solchen Kasse nicht angehört haben, die Bescheinigung der Gemeindebehörde.

Der Nachweis geleisteter Militärdienste erfolgt durch Vorlegung der Militärpapiere.

10. Ob Arbeitsbücher, Arbeitskarten, Abkehrscheine, Seefahrtsbücher, Gesindedienstbücher u. dgl. die Bescheinigungen obiger Art zu ersetzen geeignet sind, hängt von dem Inhalt der bezüglichen Bücher und Scheine ab. Es ist also zu prüfen, ob 1) für die in Betracht kommenden Zeiten die nach Formular 46 erforder-

---

*) „Oeffentliche Behörden" sind alle Reichs- Staats- und Kommunalbehörden.

**) Der Vermerk unter der Bescheinigung: „Beglaubigt" oder „Zur Beglaubigung" mit Behördenangabe, Unterschrift und Amtsstempel wird in der Regel ausreichen.

†) Nämlich Orts-, Betriebs- (Fabrik)-, Bau- und Innungs-Krankenkassen, die Knappschaftskassen, sowie die Gemeindekranken-Versicherung.

lichen Angaben über die Beschäftigungen 2c.*) aus den Büchern und Scheinen klar und deutlich hervorgehen, ob 2) der Name des Ausstellers geschrieben und nicht etwa blos im Firmenstempelabdruck hinzugesetzt ist und ob 3) die Eintragungen gemäß den vorstehenden Bemerkungen zu 9 von öffentlichen Behörden richtig beglaubigt sind. Die bloße Beidrückung eines Stempels wird als Beglaubigung jedenfalls nicht anzusehen sein, ebensowenig der Vermerk „Gesehen" oder ein dem ähnlicher. In Zweifelsfällen ist es vorzuziehen, sich lieber noch eine beglaubigte Bescheinigung von dem betreffenden Arbeits- oder Dienstherrn besonders zu beschaffen.

Die Bescheinigungen über Lohn und Gehalt, über Krankheiten oder Arbeitspausen, wird man, da jene Bücher und Scheine darüber meist nichts enthalten, überdies sich wohl stets besonders beschaffen müssen.

11. Vorsichtigerweise wird man gut daran thun, sich solche Nachweise über alle seine Beschäftigungen, Krankheiten u. s. w. während der ganzen seit Mitte November 1886 zurückliegenden Zeit bis 1. Januar 1891 zu besorgen.

IV. Beschaffung der Nachweise.

Falls die Beschaffung nicht mündlich bezw. persönlich zu bewirken ist, wende man sich zunächst durch Schreiben nach Formular 45 an alle diejenigen Arbeitgeber und Dienstherrschaften (auch Behörden, Aktiengesellschaften und drgl.) bei denen man seit Mitte November 1886 in Arbeit oder Dienst gestanden hat, um von ihnen Bescheinigungen zu erhalten. Dem Brief füge man auf dessen zweitem oder auf besonderem Blatt gleich einen Entwurf nach Formular 46 bei, unter Berücksichtigung der Bemerkungen dazu richtig ausgefüllt, je nach den obwaltenden

*) Daß die in den Arbeitsbüchern u. dgl. bescheinigten Beschäftigungen gegen Lohn oder Gehalt stattgefunden haben, wird wohl im Allgemeinen anzunehmen sein; nur solche Beschäftigung nämlich, nicht aber auch die nur gegen freien Unterhalt erfolgte, ist versicherungspflichtig und daher hier anrechnungsfähig.

Verhältnissen, aber ohne Unterschrift. Eine Abschrift dieses Entwurfs bewahre man sich zur späteren Vergleichung auf.

Nach dieser Abschrift prüfe man dann die zurückerhaltene Bescheinigung genau, ob sie alle verlangten Angaben enthält, von dem Arbeitgeber oder dessen Prokuristen, Betriebsleiter ꝛc. unterschrieben ist (die Beidrückung eines Firmenstempels würde nicht genügen) und auch nach der Anleitung zu 9 richtig beglaubigt ist. Mangelt es an irgend einem Erforderniß, so schicke man die Bescheinigung lieber nochmals dem Aussteller mit der Bitte um Ergänzung zurück.

Sind auf diesem Wege die gewünschten Nachweise gar nicht oder nur unvollständig zu erlangen, so richtet man ein Ersuchschreiben nach Formular 47 unter Beifügung eines Entwurfes nach Formular 46 an die betreffende „untere Verwaltungsbehörde.“ *)

Sind etwa auch Tantiemen oder Naturalleistungen als Verdienst mitzubescheinigen, so füge man dem Schreiben zugleich die Bitte hinzu, auch den Durchschnittswerth derselben festzusetzen, andernfalls hat man sich deshalb besonders durch Formular 48 an die untere Verwaltungsbehörde zu wenden.

Bezüglich etwaiger Krankheiten erbitte man sich ferner noch durch Schreiben nach Formular 49 von dem Vorstande der betreffenden Krankenkasse bezw. Hülfskasse (siehe oben zu 9c) eine Bescheinigung. Kann man sie vom Vorstande nicht erhalten, so fertige man ein Schreiben nach Formular 50 an die betreffende Aufsichtsbehörde. Soweit aber nach 9c eine Krankenkasse mit der Krankheit überhaupt nichts oder nichts mehr zu thun hatte, schreibe man wegen eines Attestes nach Formular 51 an die Gemeindebehörde, indem man ihr zur Aufklärung alle aufzubringenden Angaben über ärztliche Behandlung, Verpflegung u. s. w. mitschickt.

---

*) In Preußen die Ortspolizeibehörden oder Gemeindevorstände (Bürgermeister); in Bayern die Gemeindevorstände.

V. Aufbewahrung der Nachweise.

Sämmtliche auf diese Weise erhaltene Bescheinigungen prüfe man nochmals hinsichtlich ihrer Richtigkeit und Vollständigkeit, erkundige sich im Zweifel persönlich bei Behörden, z. B. Polizei, Gemeindevorstand u. a. und, wenn alles in Ordnung ist, verwahre man die Atteste auf's Sorgfältigste bis zur Zeit des Bedarfs.

Hat man viele solche Nachweise, so wird man wohl daran thun, dieselben dem Ortsvorsteher oder der Polizeibehörde vorzulegen und sich von diesen eine Gesammtbescheinigung über den Inhalt der Nachweise — unterschrieben und gestempelt — ausstellen zu lassen. Die darin berücksichtigten einzelnen Nachweise braucht man dann nicht weiter aufzubewahren.

In Preußen (und ebenso wohl in den meisten anderen Bundesstaaten) kann man auch die Nachweise der Versicherungsanstalt zur Aufbewahrung übergeben — siehe Formular 34.

---

45. Brief an den Arbeitgeber wegen Ausstellung einer Arbeitsbescheinigung.

(Führer Nr. 44 — 47.)

Berlin, den 15. Februar 1891.

An
den Fabrikanten Herrn Carl Schulz
in
Görlitz.

Nach dem Reichsgesetz über die Invaliditäts- und Altersversicherung muß sich Jeder die Nachweise zur Begründung späterer Rentenansprüche selbst beschaffen. Ich bitte daher ergebenst, über meine dortige Beschäftigung mir gütigst eine Bescheinigung nach dem anliegenden, den gesetzlichen Erfordernissen entsprechenden Entwurf auszustellen, dieselbe auch, wie es gesetzlich verlangt wird, durch eine öffentliche Behörde (Polizei, Gemeindevor-

Formular 46.

stand 2c.) beglaubigen und mir sodann die Bescheinigung zugehen lassen zu wollen.

Eine 10 Pf. Marke für die Sendung lege ich bei.

Im Voraus bestens dankend

achtungsvoll
Albert Müller,
Metalldreher,
N. Linienstrasse 75 II.

An
den Fabrikanten Herrn
Carl Schulz
in
frei Görlitz.

Siehe Vorbemerkungen.

---

46. Entwurf einer Bescheinigung des Arbeitgebers.

Bescheinigung

— gebühren- und stempelfrei laut § 140 des Reichsgesetzes vom 22. Juni 1889. —

Zur Benutzung bei der Geltendmachung von Renten-Ansprüchen aus der Reichs-Invaliditäts- und Altersversicherung wird dem Metalldreher Albert Müller in Berlin, Linienstrass 75 II. wohnhaft, geboren im Jahre 1846 zu Zeitz, hierdurch bescheinigt:

a) daß derselbe bei mir (uns) vom 1. November 1887 bis 14. Juli 1888 und vom 20. August 1888 bis 7. Mai 1889 als Metalldreher gegen Lohn (Gehalt) beschäftigt gewesen ist und zwar gegen einen Lohn (Gehalt) pro Woche bis 1. Oktober 1888 von 25 Mark und seit 1. Oktober 1888 von 28 Mark,

b) ferner, daß derselbe vom 8. Mai 1889 ab bis 12. Juni 1889 durch Krankheit an der Fortsetzung seiner nicht blos vorübergehend übernommenen Beschäftigung verhindert gewesen ist,

c) und daß derselbe diese ständige Beschäftigung bei mir (uns) vom 15. Juli bis 19. August 1888 unterbrechen mußte, weil es in dieser Zeit an Arbeit mangelte, daß aber durch diese Unterbrechung das zwischen ihm und mir (uns) dauernd eingegangene Arbeits-(Dienst-) Verhältniß nicht aufgelöst worden ist.

Görlitz, den 20. Februar 1891.

Carl Schulz.
Fabrikant.

Beglaubigt:
Die Polizei-Verwaltung.
(Siegel.) Krüger.

Bemerkung (siehe auch Vorbemerkungen).

Die Bescheinigung über Lohn und Gehalt ist nur für solche nöthig, welche schon 59 Jahre alt sind, sowie bei Beschäftigung als Betriebsbeamte, Handlungsgehülfen oder Handlungslehrlinge; aber auch für die Uebrigen ist sie wichtig, um dem etwaigen Einwande bereits vorhanden gewesener Erwerbsunfähigkeit (siehe Führer Nr. 4) zu begegnen. Fester Lohn und festes Gehalt sind nach den Tage-, Wochen- oder Monatssätzen für die betreffenden Zeiträume anzugeben; bei Akkord- oder sonst unbestimmten Löhnen empfiehlt es sich, den Gesammtbetrag für die einzelnen Monate oder Vierteljahre der ganzen Arbeitszeit gesondert hintereinander aufzuführen, andernfalls den Durchschnittssatz zu vermerken.

Tantiemen und Naturalbezüge (wie z. B. Logis, Unterhalt, Gartennutzung, Kuhweide, Ackerland, Feuerung u. dgl.) sind einzeln besonders ihrem Umfange nach genau zu verzeichnen. Die Festsetzung des Durchschnittswerthes erfolgt durch die untere Verwaltungsbehörde (siehe Formular 48).

Absatz b und c fallen fort, wenn keine Krankheiten oder Arbeitspausen zu bescheinigen sind.

---

47. Eingabe an die „untere Verwaltungsbehörde“, wenn vom Arbeitgeber die Bescheinigung nicht oder nur unzureichend zu erhalten ist.

Gotha, den 5. Februar 1891.

Zur Benutzung bei Geltendmachung von Rentenansprüchen aus der Reichs-Invaliditäts- und Altersversicherung habe ich am 3. Januar d. Jrs. den Kaufmann Friedrich Reich daselbst ersucht, mir über meine Beschäftigung als Verkäuferin bei ihm die

Formular 46 gesetzlich von mir beizubringende Bescheinigung nach anliegendem Entwurf auszustellen.

Die gewünschte vorschriftsmäßige Bescheinigung kann ich jedoch nicht erhalten, da Herr Reich sie mir verweigert und ich bitte daher unter Bezugnahme auf § 161 des Reichsgesetzes vom 22. Juni 1889 ergebenst, mir zur Erlangung derselben behülflich zu sein bezw. mir eine solche ausstellen und zugehen lassen zu wollen.

Mein Arbeitsbuch füge ich mit der Bitte um Rückgabe hierbei.

Achtungsvoll
Marie Sauber,
Buchhalterin,
Erfurterstrasse 5.

An
die Polizeiverwaltung
in
Suhl i. Th.

frei.

Siehe Vorbemerkungen.

48. Ersuchen um Feststellung des Durchschnittswerthes von Tantiemen und Naturalbezügen.

Wulkow, den 10. Januar 1891.

Bei dem Gutsbesitzer Franz Stark zu Neustadt habe ich vom 1. April 1887 bis 30. Juni 1889 in Arbeit gestanden und außer meinem Lohn freie Benutzung des Gartens von einem Viertel Morgen hinter meinem Hause gehabt, ferner auch ein jährliches Deputat von 8 Scheffeln Kartoffeln und 3 Klaftern Brennholz bezogen; den Werth dieser Naturalbezüge schätze ich nach den derzeitigen Preisen auf 75 Mark jährlich.

Auf Grund der §§ 3, 161 und 159 des Invaliditäts- und Altersversicherungsgesetzes bitte ich, behufs Benutzung als Nachweis bei Festsetzung meiner Altersrente den **Durchschnittswerth** der bezeichneten Naturalleistungen für die angegebene

Zeit gefälligst feststellen und mir darüber Nachricht geben zu wollen.

Achtungsvoll
Adolph Klein,
Taglöhner.

An
den Gemeindevorstand
in
frei Neustadt a. D.

Siehe Vorbemerkungen.

49. Schreiben an die Krankenkasse wegen eines Krankheitsattestes.

Fürth, den 10. Januar 1891.

Zur Benutzung bei der Geltendmachung von Rentenansprüchen aus der Invaliditäts- und Altersversicherung ersuche ich den verehrlichen Vorstand ergebenst, mir eine Bescheinigung darüber gefälligst ausstellen und zusenden zu wollen, daß ich als Mitglied der dortigen Krankenkasse vom 20. November 1887 bis 2. Februar 1888 krank und dadurch erwerbsunfähig gewesen bin, auch während dieser Zeit die Krankenunterstützung von der Kasse erhalten habe.

Die erbetene Bescheinigung ist nach § 140 des Reichsgesetzes vom 22. Juni 1889 gebühren- und stempelfrei.

Achtungsvoll
August Fromm,
Kutscher.

An
den Vorstand der Orts-
Krankenkasse
in
frei Worms.

Siehe Vorbemerkungen.

50. Schreiben an die Aufsichtsbehörde, wenn der Krankenkassenvorstand die Ausstellung der Bescheinigung ablehnt.

Fürth, den 12. März 1891.

Den Vorstand der dortigen Ortskrankenkasse habe ich am 10. Januar d. Jrs. um Ausstellung einer Bescheinigung über meine Krankheit und Erwerbsunfähigkeit in der Zeit vom 20. November 1887 bis 2. Februar 1888 behufs Benutzung als gesetzlich verlangten Nachweis bei späterer Geltendmachung von Rentenansprüchen aus der Invaliditäts- und Altersversicherung ersucht. Da die Ausstellung der Bescheinigung abgelehnt wird, bitte ich unter Bezugnahme auf §§ 18, 140 und 158 des Reichsgesetzes vom 22. Juni 1889 ergebenst, als Aufsichtsbehörde den Kassenvorstand zur Ausstellung und Uebersendung der Bescheinigung gefälligst anhalten zu wollen.

Achtungsvoll

Fritz Hurtig,
Kellner.

An
die Bürgermeisterei
in
Worms.

frei.

Siehe auch Bemerkungen zu Formular 81.

---

51. Schreiben an die Gemeindebehörde wegen eines Krankheitsattestes.

Leipzig, den 25. Januar 1891.

Zur Benutzung als gesetzlichen Nachweis bei Geltendmachung von Rentenansprüchen aus der Invaliditäts- und Altersversicherung bitte ich auf Grund der §§ 18, 140, 158 des Reichsgesetzes vom 22. Juni 1889 ergebenst, eine gebühren- und stempelfreie Bescheinigung mir darüber ausstellen und zusenden zu wollen, daß ich vom 10. Mai bis 3. Juli 1889 „krank und erwerbsunfähig" gewesen bin. Ich war während dieser Zeit bis 20. Juni im Lazaruskrankenhause in Behandlung und von da ab als Rekonvaleszent bei meinem Vater, Arbeiter G. Fröhlich daselbst. Vorher stand ich zuletzt beim Maurermeister H. Sorge daselbst in Arbeit (Dienst).

(Abschrift des Attestes ist beizulegen.)

Für die Zeit vom 1. März bis 9. Mai 1889 habe ich das abschriftlich beigefügte Attest vom Vorstande der Krankenkasse der Maurer-Innung daselbst erhalten.

Achtungsvoll

Otto Fröhlich,
Maurergeselle,
Pirnaerstrasse 11,
bei Rückert.

An
den Stadtrath
in
Bautzen.

frei.

Bemerkung.
(Siehe auch Vorbemerkung.)

Der letzte Absatz ist nur dann aufzunehmen, wenn bereits ein Kassenattest besorgt ist.

---

52. Anmeldung eines Anspruchs auf Altersrente.

(Führer Nr. 26, 154.)

Esslingen, den 20. April 1892.

(Mittels Formular 23 vorher zu beschaffen.)

Nachdem ich laut anliegendem Tauf- (Geburts-) Schein am 19. d. Mts. 70 Jahre alt geworden bin, melde ich hierdurch meinen Anspruch aus dem Reichsgesetze vom 22. Juni 1889 auf Altersrente mit dem Ersuchen um gefällige Feststellung und Anweisung der Rente an, welche sich nach meiner Berechnung auf 161,60 Mark beläuft.

Ich füge noch bei:

meine Quittungskarte,
drei beglaubigte Bescheinigungen über meine Beschäftigung vor dem 1. Januar 1891,
zwei Bescheinigungen über Krankheiten und Erwerbsunfähigkeit vor dem 1. Januar 1891,

. . . .

oder: und beziehe mich wegen meiner Beschäftigungen und der Krankheits- bezw. Militärdienstzeiten vor dem 1. Januar 1891 auf die von mir s. Zt. überreichten und bei der Versicherungsanstalt aufbewahrten Bescheinigungen.

Achtungsvoll
Christian Abel,
Schneider.

An
das Königliche Oberamt
in
Esslingen.

Bemerkungen (siehe Vorbemerkungen.)

Wegen Beschaffung der erforderlichen Nachweise siehe Formulare Nr. 45 bis 51.

Außer diesen Nachweisen hat man dem Gesuche, welches an die für den Wohnort des Betreffenden zuständigen „untere Verwaltungsbehörde"*) zu richten ist, die sonstigen zur Begründung des Anspruchs dienenden Beweisstücke beizufügen, also insbesondere den Tauf- (Geburts)-Schein, die Quittungskarte, Bescheinigungen über etwaige neuerliche Krankheiten u. dgl.

Auch wird es zur Vereinfachung und Beschleunigung des Verfahrens rathsam sein, in dem Gesuch zugleich den (mit Hülfe der „Rententafel" sich leicht berechnenden) Betrag der beanspruchten Rente zu vermerken.

Die beim Umtausch der Quittungskarten empfangenen Bescheinigungen braucht man nicht beizufügen**). Es empfiehlt sich daher im Allgemeinen, dieselben zurückzubehalten, um danach die Richtigkeit der Rentenfeststellung demnächst prüfen zu können. Der Schlußsatz des Formulars ist vornehmlich in Preußen anwendbar (siehe Bemerkungen zum Formular 34.)

53. Anmeldung eines Anspruchs auf Invalidenrente.

(Führer Nr. 27, 28, 154.)

Chemnitz, den 8. Oktober 1892.

Nach Ausweis der hiermit überreichten Bescheinigungen, nämlich:

eines ärztlichen Attestes

einer Bescheinigung der Krankenkasse der Glaserinnung hierselbst

---

*) Verzeichniß im Anhang II.
Bei den besonderen Kasseneinrichtungen (Pensionskassen u. dgl.) ist die Anmeldestelle in den Statuten bezeichnet (Dienstvorgesetzte u. a.)

**) Anders bei Seeleuten und besonderen Kasseneinrichtungen

bin ich dauernd erwerbsunfähig im Sinne des Reichsgesetzes vom 22. Juni 1889 und melde daher hierdurch meinen Anspruch auf Invalidenrente mit dem Ersuchen um gefällige Feststellung und Anweisung der Rente an.

Nach meiner Berechnung beläuft sich die Rente auf 119,70 Mark.

(Das nicht Zutreffende ist zu durchstreichen) Eine Unfallrente oder Pension (Wartegeld) beziehe ich nicht — in Höhe von . . Mark seitens — der . . . . . ., Berufsgenossenschaft.

Ich füge noch bei:

meine Quittungskarte

4 Bescheinigungen über meine Beschäftigungen und Krankheiten

oder: und beziehe mich wegen meiner Beschäftigungen Krankheits- und Militärdienstzeiten vor dem 1. Januar 1891 auf die von mir s. Zt. überreichten und bei der Versicherungsanstalt aufbewahrten Bescheinigungen.

Achtungsvoll

Max Spiegel,
Glasergeselle.

An
den Stadtrath
in
Chemnitz.

S. Bemerkungen zum Formulare 52.

Im Falle des „Führers" Nr. 28 muß es oben statt „dauernd erwerbsunfähig" heißen:

„seit einem Jahre ununterbrochen bis jetzt erwerbsunfähig gewesen."

---

54. Gesuch um erneute Bewilligung einer früher bereits bezogenen Invalidenrente..

(Führer Nr. 35.)

Karlsruhe, den 2. April 1896.

Laut Berechtigungsausweis der Versicherungsanstalt zu Oldenburg vom 12. September 1892 befand ich mich vom 20. August 1892 ab im Genuß einer Invalidenrente von 118,20 Mark jährlich, die ich bis zum 1. Februar 1895 bezogen habe, von welchem Tage ab mir die Rente durch die Entscheidung der Versicherungsanstalt vom 6. Februar 1895 wieder entzogen wurde.

Da durch die beigefügten Bescheinigungen nämlich:
ein ärztliches Attest . . . .
ein Krankenkassenattest . . . .
meine dauernde Erwerbsunfähigkeit im Sinne des Reichsgesetzes vom 22. Juni 1889 von Neuem dargethan ist, ersuche ich unter Ueberreichung meiner Quittungskarte, sowie . . . .
(Ev. weitere Zusätze wie im Formular 53) . . . .
um abermalige Feststellung und Anweisung einer Invalidenrente.

Achtungsvoll
Gertrud Schwächlich,
Kassirerin,
Lindenstrasse 21 II.

An
das grossherzogliche Bezirksamt
in
Karlsruhe.

Siehe Bemerkungen zum Formular.

Wird die Rente von Neuem bewilligt, so ist die Zeit des früheren Rentenbezugs ebenso wie eine bescheinigte Krankheit anzurechnen.

---

55. Wiederholte Anmeldung eines Anspruchs auf Invalidenrente.

(Führer Nr. 154.)

Münster i. Els., den 15. März 1895.

Nachdem durch Bescheid der Versicherungsanstalt der Reichslande vom 12. Januar v. Jrs. — bestätigt durch schiedsgerichtliches Urtheil vom 26. Februar v. Jrs. mein Antrag auf Bewilligung einer Invalidenrente abgelehnt worden ist, melde ich hiermit unter Ueberreichung
meiner Quittungskarte,
eines ärztlichen Attestes . . . . . .

dreier Bescheinigungen über meine Beschäftigungen und Krankheiten nochmals meinen Anspruch auf Invalidenrente mit dem Ersuchen um gefällige Feststellung und Anweisung derselben an.

Achtungsvoll
Minna Schade,
Wäscherin.

An
den Herrn Kreisdirektor
in
Colmar.

Siehe Bemerkungen zum Formular 53.
Der Antrag darf in der Regel erst ein Jahr nach der früheren Ablehnung erneuert werden.

---

56. Berufung gegen die Ablehnung einer Rente.

(Führer Nr. 156.)

Roda, den 10. März 1895.

Berufungsschrift.

Gegen den Bescheid des Vorstandes der thüringischen Versicherungsanstalt in Weimar vom 2. d. Mts., durch welchen der von mir erhobene Anspruch auf (Das eine durchstreichen) Alters- Invaliden-Rente abgelehnt worden ist, lege ich hierdurch Berufung ein mit dem Antrage mir die beanspruchte Rente zu bewilligen.

Zur Begründung führe ich an:

Ausser der nachgewiesenen Zeit, in welcher ich im Krankenhause an der Lungenentzündung krank darnieder lag, kommt für mich auch die darauf folgende Zeit vom 2. September bis 10. November 1894 in Anrechnung, während welcher ich, wie anliegendes Attest des Gemeindevorstandes in Suhl ergiebt, als Rekonvalescent und erwerbsunfähig bei meiner Schwester der Wittwe Emilie Hartmann daselbst in Pflege war. Bei Hinzutritt dieser 10 Wochen wird die vorgeschriebene Wartezeit erfüllt.

Abschrift liegt bei.

Gottlieb Herz,
Tagelöhner.

An
den Vorsitzenden des Schiedsgerichts,
Herrn Justizrath Hesse
in
Altenburg.

frei

Bemerkungen.

Die Berufung muß binnen einer Frist von 4 Wochen nach der Zustellung des Bescheides bei dem darin angegebenen Vorsitzenden des Schiedsgerichts schriftlich eingelegt werden. Eine Verlängerung der Frist ist unzulässig, die Versäumung derselben zieht daher den Verlust des Rechts auf Anfechtung des Bescheides nach sich. Es ist also dringend anzurathen, nicht bis zu den letzten Tagen der Frist zu warten, sondern die Berufung möglichst früh einzulegen, damit sie rechtzeitig in die richtigen Hände gelangt.

Der Lauf der Berufungsfrist beginnt mit der durch den Postboten bewirkten Uebergabe des Bescheides und endigt mit dem Ablauf desjenigen Tages der vierten Woche, welcher durch seine Benennung (Montag, Dienstag 2c.) dem Tage entspricht, an welchem die Zustellung erfolgt ist, sodaß in der Berufungsfrist der Tag der Zustellung nicht eingerechnet ist.

Fällt das Ende der Berufungsfrist auf einen Sonntag oder allgemeinen Feiertag, so endigt die Frist mit Ablauf des nächstfolgenden Werktages.

Für Seeleute, welche sich außerhalb Europas aufhalten, beträgt die Frist 3 Monate.

Gegen die blos vorläufige Zubilligung einer Rente (im Falle der Einlegung der Revision) findet ein Rechtsmittel nicht statt.

In der Berufungsschrift, von der immer auch eine Abschrift beizulegen ist, muß der Gegenstand des Anspruchs bestimmt bezeichnet werden und sind auch die für die Entscheidung maßgebenden Thatsachen unter Angabe der Beweismittel für dieselben anzuführen.

Da später bei der Revision die Vorbringung neuer Thatsachen u. dgl. ausgeschlossen ist, so bestrebe man sich die Sachlage möglichst ausführlich zu schildern, alle Umstände, Gründe und Einwände erschöpfend darzustellen und zu berücksichtigen und alles, was als Beweismittel gelten kann, deutlich und vollständig anzugeben.

Es wird dann auch eher von der persönlichen Wahrnehmung des Verhandlungstermins, soweit solche nicht ausdrücklich angeordnet ist, abgesehen werden können, wodurch Mühen und Kosten erspart werden.

Da das Verfahren gebührenfrei ist und höchstens nur geringe Portoauslagen u. dgl. (bei Unterliegen allerdings auch Erstattung gegnerischer Auslagen) entstehen können, so ist die Benutzung des Rechtsmittels im weitesten Umfange zulässig und räthlich.

Wird die Berufung schon durch Bescheid des Schiedsgerichts-Vorsitzenden zurückgewiesen, so kann binnen 2 Wochen die Anberaumung der mündlichen Verhandlung beantragt werden (nach Formular Nr. 59), was zu thun wohl meist im Interesse des Betreffenden liegt.

Die Entscheidung des Schiedsgerichts kann noch durch die Revision (siehe Formular Nr. 60) angefochten werden.

57. Berufung gegen Festsetzung einer zu geringen Rente.

(Führer Nr. 156.)

Lindow, den 21. Juli 1896.

Berufungsschrift. Gegen den Bescheid des Vorstandes der Versicherungsanstalt in Berlin vom 12. d. Mts., durch welchen die Höhe der von mir beanspruchten Invaliden-Rente auf 124,80 Mark jährlich festgestellt worden ist, lege ich hierdurch Berufung ein mit dem Antrage:

mir die Rente in Höhe von 126,60 Mark zu bewilligen.

Zur Begründung führe ich an:

Nach den mir ertheilten, hier angeschlossenen Bescheinigungen habe ich insgesammt nicht blos 165 sondern 195 Beitragswochen der Lohnklasse II und 42 der Lohnklasse I aufzuweisen, dazu kommen 60 Wochen des früheren Rentenbezugs, so dass die Rente sich auf abgerundet 126,60 Mark stellt.

Abschrift liegt bei.

Achtungsvoll
Marie Hahn,
Tagelöhnerin.

An
den Vorsitzenden des Schiedsgerichts,
Herrn Amtsrichter Schneider
in
Neu-Ruppin.

Siehe Bemerkungen zu Formular 56.

---

58. Berufung gegen die Entziehung der Rente.

(Führer Nr. 159.)

Burgau, den 11. August 1894.

Gegen den Bescheid des Vorstandes der . . Versicherungsanstalt in Augsburg vom 15. v. Mts., durch welchen die mir bisher gewährte Invalidenrente entzogen wird, lege ich hierdurch Berufung ein mit dem Antrage

mir die Rente auch fernerhin zu bewilligen und deren vorläufige Weiterzahlung anzuordnen.

Zur Begründung führe ich an:

Nachdem ich die von Neuem aufgenommene Beschäftigung nachgewiesenermassen am 26. Juli v. Jrs. wiedereinstellen musste, habe ich nur einmal noch im Mai d. Jrs., wie bereits dargethan, einen vergeblichen Versuch, in Thätigkeit zu treten, unternommen. Da somit nach den bereits überreichten Attesten jetzt eine ununterbrochene Erwerbsunfähigkeit von länger als einem Jahre vorliegt, steht mir nach § 10 des Reichsgesetzes vom 22. Juni 1889 der Anspruch auf weiteren Bezug der Invalidenrente zu.

Abschrift liegt bei.

H. Knoll,
Kutscher.

An
den Vorsitzenden des Schiedsgerichts
Herrn Landgerichtsrath Stengel
in
Augsburg.

Bemerkung.

Siehe Bemerkungen zu Formular 56.

Das Formular ist für alle Fälle der Entziehung der Invaliden- und Altersrente anwendbar.

Es ist rathsam, unter allen Umständen die Berufung einzulegen, weil dadurch nach der Absicht des Gesetzes offenbar die Einbehaltung der Rente einstweilen aufgeschoben wird (aus dem Wortlaut der betreffenden Gesetzesbestimmung läßt sich allerdings auch die gegentheilige Auffassung ableiten).

---

59. Antrag auf mündliche Verhandlung vor dem Schiedsgericht.

Gera, den 20. Juni 1891.

Nachdem die von mir eingelegte Berufung durch Bescheid des Herrn Vorsitzenden vom 15. d. Mts. zurückgewiesen worden ist, beantrage ich hiermit die Anberaumung der mündlichen Verhandlung über die Berufung.

Achtungsvoll
Anna Rasche,
Fabrikarbeiterin.

An
das Schiedsgericht
in
Gera.

Siehe Bemerkungen zu Formular 56.

60. Revisionsschrift.

(Führer Nr. 157.)

Durlach, den 25. November 1893.

Revisionsschrift. Gegen die Entscheidung des Schiedsgerichts zu Karlsruhe vom 18. d. Mts. betreffend meinen Anspruch auf Altersrente lege ich hierdurch die Revision ein mit dem Antrage dahin zu entscheiden:

daß mir die Altersrente im Betrage von 191 Mark jährlich vom 3. Juli d. Jrs. ab . . . . . zu gewähren sei.

Die schiedsgerichtliche Entscheidung wird aus folgenden Gründen angefochten:

1. Den Fabrikbesitzer Kuhn, welcher als Beisitzer des Schiedsgerichts fungierte, habe ich wegen der Besorgniss der Befangenheit aus den in meiner Eingabe vom 8. d. Mts. angegebenen Gründen als Richter abgelehnt. Ueber diesen Antrag hat das Schiedsgericht keine Entscheidung getroffen und der abgelehnte Beisitzer hat an der Verhandlung und der Urtheilsfällung Theil genommen.

2. Die Auslegung des § 159 des Reichsgesetzes vom 22. Juni 1889 in dem Urtheil vom 18. d. Mts. dürfte weder mit dem Inhalt noch der Absicht des Gesetzes in Einklang stehen. Der Wortlaut des § 159 a. a. O. nöthigt keineswegs zu der Auffassung, dass die darin angegebenen 141 Wochen lediglich durch Beschäftigung gegen Lohn oder Gehalt völlig ausgefüllt sein müssen, vielmehr lässt der fürsorgliche, wohlthätige Zweck des Gesetzes darauf schliessen, dass auch dann der durchschnittliche Arbeitsverdienst aus jener Zeit massgebend sein soll, selbst wenn ein Theil derselben durch Krankheit ausgefüllt wird. Wie sehr die entgegengesetzte Auffassung der humanen Absicht des Gesetzes widersprechen würde, ergiebt sich daraus, dass im Falle, wo jene 141 Wochen aus 140 Arbeits-Wochen der Lohnklasse IV und einer Krankheits-Woche sich zusammensetzen, nach der letzteren engeren Auslegung der Rentenbetrag sich lediglich von der Lohnklasse I berechnen und somit auf 106,40 — den niedrigsten Rentenbetrag — stellen würde, während nach der hier verfochtenen Ansicht der höchste Rentenbetrag mit 191 Mark jährlich zu beanspruchen wäre — ein Ausfall von 84,60 Mk., den also der Betreffende

nur deshalb zu erleiden hätte, weil er für eine Woche ohne sein Verschulden durch Krankheit heimgesucht war.

Abschrift liegt bei.

Achtungsvoll
Christian Fink,
Möbelpolier.

An
das Reichsversicherungsamt,
Abtheilung für die Invaliditäts- und Altersversicherung
in
Berlin W.

Bemerkungen.

Das Rechtsmittel der Revision ist binnen 4 Wochen nach der Zustellung der Entscheidung des Schiedsgerichts schriftlich stets bei dem Reichsversicherungsamt einzulegen.

Wegen der Frist beachte man die Bemerkungen zum Formular 56.

Die Revision kann aber nur darauf gestützt werden:

1. daß die angefochtene Entscheidung auf der Nichtanwendung oder auf der unrichtigen Anwendung des bestehenden Rechts (d. h. des Invaliditäts- und Altersversicherungsgesetzes oder anderer Reichs- oder Landesgesetze oder der darin vorgesehenen Ausführungsbestimmungen) oder auf einem Verstoß wider den klaren Inhalt der Akten beruhe;
2. daß das Verfahren an wesentlichen Mängeln leide.

Neue Thatsachen können also nicht mehr vorgebracht werden.

Worin diese gerügten Mängel gefunden werden, ist in der Revisionsschrift ausdrücklich anzugeben. Fehlt in der Schrift die Angabe solcher Gründe, oder ist die Revision verspätet eingelegt, so kann sie ohne Weiteres zurückgewiesen werden.

Das Verfahren ist ebenfalls gebührenfrei. Die dem Revisionseinlegenden erwachsenden Kosten werden im Falle des Obsiegens durch das Reichsversicherungsamt auf Antrag von der Gegenpartei beigetrieben.

Eine Entscheidung des Reichsversicherungsamts kann nur im Wiederaufnahmeverfahren angefochten werden.

---

61. Ersuchen bei Umzügen, die Rente an die Postanstalt des neuen Wohnorts zur Auszahlung zu überweisen.

(Führer Nr. 163.)

Felsberg, den 6. März 1892.

Am 1. April d. Jrs. werde ich meinen Wohnsitz von Halbau nach Felsberg verlegen. Ich bitte daher, die Altersrente, welche ich auf Grund des Berechtigungsausweises vom 2. Mai 1891 — Nr. 86 — bisher von der Postanstalt in Halbau bezog, fortan der Postanstalt meines neuen Wohnorts zur Auszahlung zu überweisen.

Achtungsvoll

Carl Hübner.

An
den Vorstand der
Versicherungsanstalt
zu
Breslau.

Bemerkung.

Der Rentenempfänger kann bei Verlegung seines Wohnsitzes von einem Ort zum andern verlangen, daß ihm die Rente durch die Postanstalt seines neuen Wohnorts ausgezahlt werde. Er hat sich deshalb an den Vorstand der Versicherungsanstalt, welcher seine Rente angewiesen hatte, zu wenden.

F. Strafbeschwerden.*)

62. Beschwerde gegen die Auferlegung einer Strafe durch den Vorstand der Versicherungsanstalt.

(Führer Nr. 148, 186, 189, 173
II. Aufl. 172.)

Bremen, den 3. Juli 1891.

Der Vorstand der Versicherungsanstalt in Lübeck ..... hat mir durch Strafverfügung vom 25. v. Mts. eine Strafe von 30 Mark auferlegt, (weil) wegen Unrichtigkeiten in der Nachweisung meines Betriebspersonals.

Ich lege dagegen hiermit Beschwerde ein, und bitte um Aufhebung bzw. Milderung der Strafe.

Zur Rechtfertigung führe ich an:

Der von mir nicht mitaufgenommene Arbeiter König ist alsbald, nachdem er die Arbeit begonnen

---

*) Siehe a. Formular Nr. 22.

hatte, erkrankt und in das Lazaruskrankenhaus gebracht worden.

Achtungsvoll
Richard Flach,
Spinnereibesitzer.

An
das Reichsversicherungsamt,
Abtheilung für die Invaliditäts- und Altersversicherung
in
frei Berlin W.

Bemerkung.

Gegen die auf Grund des Invaliditäts- und Altersversicherungsgesetzes oder der Statuten von den Organen der Versicherungsanstalten erlassenen Strafverfügungen findet binnen 2 Wochen nach deren Zustellung die Beschwerde statt und zwar in Bayern, Kgr. Sachsen, Württemberg, Baden, Hessen an das Landesversicherungsamt (in München bzw. Dresden, Stuttgart, Karlsruhe, Darmstadt); im Uebrigen stets an das Reichsversicherungsamt in Berlin W.

---

63. Beschwerde gegen die Auferlegung einer Strafe durch den Schiedsgerichtsvorsitzenden.

(Führer Nr. 153, 128.)

Grimma, den 2. August 1891.

Der Vorsitzende des Schiedsgerichts in Leipzig hat mir durch Strafverfügung vom 28. v. Mts. eine Strafe von 10 Mark auferlegt, wegen Nichterscheinens in der Sitzung.

Ich lege dagegen hiermit Beschwerde ein und bitte um Aufhebung bzw. Milderung der Strafe.

Zur Rechtfertigung führe ich an:

Ich erhielt am Morgen des Sitzungstages den anliegenden Brief des Direktors der Krankenanstalt in Halle über die plötzliche Verschlimmerung des Zustandes meiner Frau und musste demnach sofort dorthin abreisen.

Achtungsvoll
Hans Kühn,
Ziegeleibesitzer.

An
das Landesversicherungsamt
in
Dresden.

Siehe Bemerkungen zu Formular Nr. 62, welche auch hier Platz greifen.

II.

Unfallversicherung.

Vorbemerkung.

Neben dem Reichsversicherungsamt sind noch Landesversicherungsämter in München, Dresden, Stuttgart, Karlsruhe, Darmstadt, Schwerin, Strelitz und Greiz für den Bereich der betreffenden Bundesstaaten vorhanden. Dieselben haben aber nur diejenigen Berufsgenossenschaften zu beaufsichtigen, welche sich nicht über das Gebiet der betreffenden Bundesstaaten hinaus erstrecken. In allen Fällen, wo es sich um eine solche Berufsgenossenschaft handelt, ist das betreffende Schriftstück statt an das Reichsversicherungsamt in Berlin an das zuständige Landesversicherungsamt (Königl. bzw. Großherzogliche oder Fürstliche) zu adressiren.

Ein Verzeichniß sämmtlicher Berufsgenossenschaften ist im Anhang III beigegeben.

Die Formulare für die Anmeldung zur Unfallversicherung und für die Unfallanzeigen (Nr. 64 und 65) sind die amtlich vom Reichsversicherungsamt festgestellten.

64. Formular für die Anmeldung zur Unfallversicherung. (Führer Nr. 100.)

Staat: Höhere Verwaltungsbehörde: Untere Verwaltungsbehörde:

Name des Unternehmers (Firma).	Gegenstand des Betriebes. (Der Hauptbetrieb ist zu unterstreichen.)	Art des Betriebes. (Ob Hand-, Gas- oder Dampfbetrieb ꝛc.)	Zahl der versicherten Personen.	Berufsgenossenschaft, welcher der Betrieb angehört.	Tag der Eröffnung des Betriebes bezw. des Beginns der Versicherungspflicht.	Bemerkungen.

........, den ......ten .... 188..... Unterschrift des Anmeldepflichtigen.

(Die Anmeldung ist in zwei Exemplaren bei der unteren Verwaltungsbehörde, in deren Bezirk der Betrieb belegen ist, gegen Empfangsbestätigung einzureichen. Das Unterlassen der Anzeige kann mit Ordnungsstrafe bis zu Dreihundert Mark belegt, außerdem können gegen den säumigen Unternehmer Exekutivstrafen im Betrage bis zu Einhundert Mark verhängt werden (Führer Nr. 100).

Urschriftlich an den Vorstand der .... Berufsgenossenschaft

zu ....

........................, den ....ten .... 188 Unterschrift der unteren Verwaltungsbehörde:

....

65. Formular für die Unfallanzeigen.

(Führer Nr. 103.)

.... Berufsgenossenschaft.

Sektion .... Nr. ....

Vertrauensmann: (Name, Wohnort, Wohnung) ....

....

Betriebsunternehmer: (Name [Firma], Wohnort, Wohnung) ....

.......................: Nr. .... des Genossenschaftskatasters. (Vergl. Mitgliedschein.)

Unfall-Anzeige

an die Ortspolizeibehörde zu ....

Kreis (Amt) ....

Für jede verletzte oder getödtete Person ist ein besonderes Anzeige-Formular auszufüllen.

1. Betrieb in welchem sich der Unfall ereignet hat. (Genaue Bezeichnung und Ortsangabe, Straße und Hausnummer: bei großen Betrieben auch Betriebsabtheilung.)	
2. Vor- und Zuname der verletzten oder getödteten Person. Im Betriebe beschäftigt als? (Art der Beschäftigung, Arbeitsposten.) Wohnort, Wohnung. Lebensalter (ungefähre Angabe in Jahren genügend).	
3. Worin besteht die Verletzung? Wird dieselbe voraussichtlich den Tod oder eine Erwerbsunfähigkeit von mehr als dreizehn Wochen zur Folge haben?	
4. Wo ist die verletzte Person untergebracht? (Krankenhaus, Wohnung.)	

5. Krankenkasse, welcher die verletzte Person angehört.	
6. Wochentag, Datum, Tageszeit und Stunde des Unfalls.	
7. Veranlassung und Hergang des Unfalls. Hier ist eine möglichst eingehende Schilderung des Unfalls zu geben. Insbesondere ist die Werkstätte, in welcher, sowie die Arbeit und die Maschine, bei welcher sich der Unfall ereignet hat, genau zu bezeichnen, geeigneten Falls unter Beifügung einer erläuternden Handskizze.	
8. Augenzeugen des Unfalls. (Name, Wohnort, Wohnung.)	
9. Etwaige Bemerkungen. (Z. B. Angabe von Vorkehrungen zur Verhütung ähnlicher Unfälle, u. a. m.)	

Ort und Datum: ....

Name und Stand der die Anzeige erstattenden Person:

....

Zur Beachtung.

1. Nach § 51 des Unfallversicherungsgesetzes vom 6. Juli 1884 ist von jedem in einem versicherten Betriebe vorkommenden Unfall, durch welchen eine in demselben beschäftigte Person getödtet wird oder eine Körperverletzung erleidet, welche eine Arbeitsunfähigkeit von **mehr als drei Tagen** oder den **Tod** zur Folge hat, von dem Betriebsunternehmer bei der Ortspolizeibehörde schriftliche Anzeige zu erstatten.

   Dieselbe muß **binnen zwei Tagen** nach dem Tage erfolgen, an welchem der Betriebsunternehmer von dem Unfall Kenntniß erlangt hat.

   Für den Betriebsunternehmer kann derjenige, welcher zur Zeit des Unfalls den Betrieb oder den Betriebstheil, in welchem sich der Unfall ereignete, zu leiten hatte, die Anzeige erstatten; im Falle der Abwesenheit oder Behinderung des Betriebsunternehmers ist er dazu verpflichtet.
2. Wegen der Mittheilung von Abschriften dieser Anzeige an die Organe der Berufsgenossenschaften (Vertrauensmann, Sektionsvorstand, Genossenschaftsvorstand) sind die Bestimmungen des Genossenschaftsstatuts maßgebend.

Anm. Zur Anfertigung des mit einem Heftrand zu versehenden Formular ist steifes gelbes Papier zu verwenden.

66. Anfrage über die Versicherungspflicht.

(Führer Nr. 10.)

Pyrmont, den 2. März 1891.

Zum 1. April d. Jrs., beabsichtige ich einen Meiereibetrieb zu eröffnen. Ich werde auf Grund eines abgeschlossenen Vertrages von 3 Landwirthen die von zusammen etwa 50 Kühen gewonnene Milch beziehen und dieselbe unter Beschäftigung von 2 Arbeitern zu Butter und Käse verarbeiten und zwar theils im Handbetrieb und theils mit Hülfe eines durch ein Pferd getriebenen Göpelwerks, das aber täglich höchstens eine Stunde im Gang sein wird. Die Produktion veranschlage ich auf jährlich etwa 50 Centner Käse.

Da ich bei den hiesigen Behörden auf eine desfallsige Anfrage keine bestimmte Auskunft erhalten kann, so bitte ich um gütigen Bescheid

ob der bezeichnete Betrieb der Unfallversicherungspflicht unterliegt.

Achtungsvoll
Christian Hahn,
Meier.

An
das Reichsversicherungsamt
in
Berlin W.

Bemerkung.

Dem Reichsversicherungsamt ist namentlich die Entscheidung über die Versicherungspflicht der mit der Land- und Forstwirthschaft (einschließlich Kunst- und Handelsgärtnerei), sowie mit der Seeschiffahrt zusammenhängenden Betriebe vorbehalten, sowie darüber, welche Betriebe als Fabriken anzusehen sind.

---

67. Beschwerde gegen die Ablehnung der Aufnahme in das Genossenschafts-Kataster.

(Führer Nr. 10, 101.)

Berlin, den 19. Januar 1891.

Katasterbeschwerde

Gegen den Bescheid des Vorstandes der Norddeutschen Edel- und Unedelmetall-Industrie Berufsgenossenschaft vom 10. d. Mts., durch welchen meine

Aufnahme in das Kataster derselben abgelehnt wird, erhebe ich hierdurch Beschwerde bei dem Reichs-(Landes)-Versicherungsamt mit dem Antrage dahin zu entscheiden:

daß mein Betrieb versicherungspflichtig sei und der genannten Berufsgenossenschaft anzugehören habe.

Zur Rechtfertigung führe ich an:

Ich fabrizire lediglich Beleuchtungsgegenstände (Gaslampen) und zwar durch Zusammensetzung aus dem bezogenen Rothguss, Messing und Gusseisen. womit ich durchschnittlich 8 bis 12 Personen (Schlosser, Monteure) beschäftige. Ich bringe monatlich 2 bis 300 Lampen auf den Markt. Die Gefahr meines Betriebes besteht hauptsächlich in dem Anschrauben meiner Lampen an hohen Zimmerdecken.

Achtungsvoll
Albert Krüger,
Lampenfabrikant,
Kurzestrrasse 6.

An
das Königl. Polizei-Präsidium
(Abth. II.)
in
Berlin W.

Bemerkung.

Den in das Kataster Aufgenommenen werden vom Genossenschaftsvorstande durch Vermittelung der unteren Verwaltungsbehörden Mitgliedscheine zugestellt. Wird die Aufnahme in das Kataster abgelehnt, so ist hierüber ein mit Gründen versehener Bescheid dem Betriebsunternehmer auf demselben Wege zuzustellen. Gegen die Aufnahme in das Kataster, sowie gegen die Ablehnung derselben steht dem Unternehmer binnen einer Frist von 2 Wochen nach erfolgter Zustellung des Mitgliedscheins bzw. des ablehnenden Bescheids die Beschwerde an das Landes- bzw. Reichsversicherungsamt zu. Dieselbe ist bei der untern Verwaltungsbehörde (Ortspolizei, Landrath u. dgl.) einzulegen. Welche diese Behörde ist, möge man zeitig durch Rückfrage bei einem Vertrauensmann oder sonstigem Genossenschaftsorgan event. bei der Polizei in Erfahrung bringen.

68. Beschwerde gegen die Aufnahme in das Genossenschafts-Kataster.

(Führer Nr. 10, 101.)

Schwerin, den 12. März 1891.

Katasterbeschwerde. Der Vorstand der Berufsgenossenschaft für Feinmechanik hat mir am 5. d. Mts. einen Mitgliedschein zugestellt, wonach ich in das Kataster derselben aufgenommen worden bin.

Ich erhebe hierdurch dagegen Beschwerde bei dem Reichs-(Landes-)Versicherungsamt mit dem Antrage zu entscheiden:

daß kein unfallversicherungspflichtiger Betrieb vorliegt.

Zur Rechtfertigung führe ich an:

Mein Geschäftsbetrieb gleicht dem eines Handwerkers und ermangelt aller Kennzeichen eines fabrikmässigen Betriebs. Ich beschäftige gewöhnlich nur 6 Personen, habe keine grösseren Maschinen und Werkzeuge und benutze auch keine Motoren oder Elementarkräfte. Meine Arbeit besteht nur in der Herstellung astronomischer Pendeluhren und anderer aussergewöhnlicher Gegenstände der Feinmechanik. Dieselben werden nur auf Bestellung gefertigt und fast jedes abweichend von dem andern ausgeführt.

Achtungsvoll

A. Blind,
Mechaniker.

An
den Magistrat
in
Schwerin.

Siehe Bemerkungen zu Formular 67.

---

69. Gesuch um Zuweisung an eine andere Berufsgenossenschaft.

(Führer Nr. 10, 101, 102, 120.)

Stettin, den 10. Mai 1892.

In Folge Eröffnung eines Tiefbau- und Pflasterungsgeschäfts bin ich im März 1890 in die Tiefbau-Berufsgenossenschaft als Mitglied aufgenommen worden.

Seit jener Zeit haben sich meine Verhältnisse indessen derart verändert, dass ich den Tiefbau lediglich als nebensächliche Beschäftigung betrachten muss, während mein Hauptfach jetzt die Ausführung von Beton- und Kunststeinarbeiten ist, welche Thätigkeit als zum Hochbau gehörig zu betrachten ist.

Mit Rücksicht hierauf ersuche ich das (Landes-) Reichsversicherungsamt ergebenst,

mich der Baugewerks-Berufsgenossenschaft zuweisen zu wollen.

Achtungsvoll
Otto Kühne,
Strandstrasse 23.

An
die Polizeidirektion
in
Stettin.

Siehe Bemerkungen zu Formular 65.

---

70. Beschwerde gegen die Veranlagung zu Gefahrentarifs-Klassen.

(Führer Nr. 116)

Spandau, den 11. Februar 1891.

Gefahrentarif-Beschwerde. Laut Bescheid der Norddeutschen Textil-Berufsgenossenschaft vom 30. v. Mts. sind wir zur Gefahrenklasse E mit dem Beitragsfuß 75 veranlagt worden. Wir erheben hierdurch dagegen Beschwerde mit dem Antrage, unsere Veranlagung in die entsprechende Gefahrenklasse (D Beitragsfuss 60) gefälligst zu veranlassen.

Zur Rechtfertigung führen wir an:

Die Veranlagung zur Klasse E setzt voraus, dass wir auch Kämmerei betreiben; dieses ist aber nicht der Fall, da wir uns auf den Spinnereibetrieb beschränken.

Achtungsvoll
Katz & Müller,
Spinnereibesitzer.

An
das Reichsversicherungsamt
in
Berlin W.

fr.

Bemerkung.

Gegen die Veranlagung zu den einzelnen Gefahrenklassen steht dem Betriebsunternehmer — auch bei späteren Betriebsveränderungen — binnen 2 Wochen die Beschwerde an das Landes- bzw. Reichsversicherungsamt zu.

---

71. Widerspruch gegen die Höhe der Jahresbeiträge.

(Führer Nr. 118.)

Passau, den 25. März 1891.

Nach dem mir zugegangenen Auszug aus der Heberolle soll ich für das Jahr 1890 an Beiträgen zur Genossenschaft 78 Mark zahlen. Ich erhebe dagegen Widerspruch und bitte den Betrag entsprechend zu ermäßigen, da der in der Lohnnachweisung eingerückte Lohnbetrag bei einem der Gesellen zur Hälfte dessen nicht versicherungspflichtige Thätigkeit in meiner Häuslichkeit und meinem Mehlgeschäft vergütet, vorliegend also nur zur Hälfte in Anrechnung gebracht werden könnte.

Achtungsvoll

A. Schnarre,
Mühlenbesitzer.

An
den Vorstand der Müllerei-
Berufsgenossenschaft
in
Berlin.

Bemerkung.

Die Mitglieder der Genossenschaft können gegen die Feststellung ihrer Beiträge binnen 2 Wochen nach Zustellung des Auszugs aus der Heberolle Widerspruch bei dem Genossenschaftsvorstande erheben. Gegen dessen Entscheidung ist dann Beschwerde zulässig (siehe Formular Nr. 72.)

---

72. Beschwerde gegen die Höhe der Jahresbeiträge.

(Führer Nr. 118.)

Passau, den 6. Mai 1891.

Beitrags-Beschwerde. In Folge erhobenen Widerspruchs gegen die Höhe der von mir erforderten Jahresbeiträge ist mir vom Vorstande der Müllerei-Berufsgenossenschaft die beiliegende abschlägige Entscheidung vom 27. v. Mts. zugegangen. Gegen dieselbe erhebe ich hierdurch Beschwerde mit dem Antrage auf entsprechende Herabsetzung meines Jahresbeitrags.

Zur Rechtfertigung führe ich an:

Von den Löhnen war der 4 Mark übersteigende Betrag nur mit $\frac{1}{3}$ anzurechnen.

Achtungsvoll

A. Haupt,
Zimmermeister.

An
das Reichsversicherungsamt
in
Berlin W.

Bemerkung.

Gegen die Entscheidung des Genossenschaftsvorstandes ist binnen 2 Wochen die Beschwerde an das Landes- bzw. Reichsversicherungsamt zuläsig, sofern sich dieselbe entweder auf Rechenfehler oder auf die unrichtige Feststellung des anrechnungsfähigen Betrages der Löhne und Gehälter, oder auf den irrthümlichen Ansatz einer anderen Gefahrenklasse, als wozu der Betrieb nach Angabe des Mitglieds eingeschätzt ist, begründen läßt — aus den beiden letzten Gründen aber nicht auch dann, wenn die Feststellung bei unterlassener Einreichung der Nachweisungen vom Vorstande bewirkt worden war.

---

73. Beschwerde gegen die Höhe der Prämien.

(Führer Nr. 135.)

Charlottenburg, den 10. März 1891.

Von dem Vorstande der Nordöstlichen Baugewerks-Berufsgenossenschaft in Berlin bin ich für die Unfallversicherung nach dem Jahresarbeitsverdienst von 1000 Mark in Klasse C mit der Gefahrenziffer 4 veranlagt und soll danach eine Jahresprämie von 25 Mark zahlen. Nachdem ich auf meine desfallsige Vorstellung vom Genossenschaftsvorstande abschlägig beschieden worden bin, erhebe ich hierdurch Beschwerde mit dem Antrage, meinen Jahresarbeitsverdienst auf 600 Mark festsetzen zu wollen und danach die Prämie herabzusetzen.

Meine Arbeitszeit beträgt im Jahre thatsächlich nur 6 Monate und mein Verdienst beläuft sich für den Monat auf höchstens 100 Mark, da ich schon 61 Jahre alt, überdies kränklich und daher weniger erwerbsfähig bin.

Achtungsvoll
Fr. Maass,
Malermeister.

An
die Polizeidirektion
in
Charlottenburg.

Bemerkung.

Die Beschwerde ist binnen 2 Wochen bei der unteren Verwaltungsbehörde einzulegen. Gegen die Entscheidung steht binnen 2 Wochen der Rekurs an das Landes- bzw. Reichsversicherungsamt frei (vgl. Formular 79).

---

74. Anmeldung eines Entschädigungsanspruchs.

(Führer Nr. 106.)

Labiau, den 12. April 1891.

Als Arbeiter auf der Ziegelei des Herrn Neumann hierselbst bin ich am 20. Januar d. Jrs. dadurch verletzt worden, daß mir während der Beschäftigung im Betriebe durch den Zusammenbruch eines Haufens aufgestapelter Steine der rechte Fuss gequetscht wurde. In Folge dessen habe ich 5 Wochen im Krankenhause zubringen müssen und bin nach anliegendem ärztlichen Attest vorläufig noch nicht im Stande, zu arbeiten.

Meinen Entschädigungsanspruch aus diesem Unfall melde ich hierdurch an und bitte um Festsetzung einer Entschädigung.

Achtungsvoll
Gottlieb Klein,
Arbeiter.

An
den Vorstand der Ziegelei-Berufsgenossenschaft
in
Berlin W.

Bemerkungen.

Entschädigungsansprüche aus Betriebsunfällen müssen, wenn nicht von Amtswegen ihre Festsetzung erfolgt, bei Vermeidung des

Ausschlusses in der Regel binnen 2 Jahren bei dem Genossenschaftsvorstand angemeldet werden; ebenso wenn in den maßgebenden Verhältnissen eine wesentliche Veränderung eingetreten ist und deshalb eine höhere Rente beansprucht wird, oder wenn der Verletzte verstorben ist — immer binnen 2 Jahren nach dem betr. Ereigniß bzw. Tod.

War für den Betrieb kein Mitgliedschein ertheilt, so erfolgt die Anmeldung bei der unteren Verwaltungsbehörde (Ortspolizei, Landrath, Magistrat 2c.)

Wegen der Invalidenrente vgl. Vorbemerkung 4 zu Abschnitt E Seite 38.

---

75. Beschwerde über die Ablehnung von Entschädigungsansprüchen bei Unfällen in nicht katastrirten Betrieben.

(Führer Nr. 110.)

Frankfurt a. M., den 25. Mai 1891.

Unfall-Entschädigungs-Beschwerde.

Am 11. August v. Jrs. habe ich im Betriebe des Reinigungsinstituts von Klee und Hermann hierselbst durch einen Unfall Schaden erlitten. Nachdem ich mich vergeblich bemüht habe, zu ermitteln, bei welcher Genossenschaft meine Dienstherren mich gegen Unfall versichert haben, bin ich wegen Festsetzung einer Unfallentschädigung bei der hiesigen Polizeidirektion vorstellig geworden. Von derselben ist mir nun der anliegende abschlägige Bescheid vom 8. d. Mts. ertheilt worden, gegen welchen ich hierdurch Beschwerde einlege.

Achtungsvoll

Franz Schramm,
Mainzerstrasse 15
bei Rickert.

An
das Reichsversicherungsamt
in
Berlin W.

Bemerkung.

Gegen den Bescheid der zuständigen Behörde, durch welchen der Entschädigungsanspruch aus dem Grunde abgelehnt wird, weil der Betrieb in welchem der Unfall sich ereignet hat, für nicht versicherungspflichtig erachtet wird, steht dem Verletzten und seinen Hinterbliebenen binnen 4 Wochen die Beschwerde an das Landes- bzw. Reichsversicherungsamt zu. Bei Ablehnung aus einem anderen Grunde findet Berufung auf schiedsrichterliche Entscheidung zu (siehe Formular Nr. 77.)

76. Beschwerde wegen unterbliebener Festsetzung der Unfallentschädigung.

(Führer Nr. 24a, 107.)

Detmold, den 8. Juni 1891.

Unfall-Entschädigungs-Beschwerde. Die mir wegen eines Augenleidens zugebilligte Unfallrente ist mir durch Entscheidung des Vorstands der Sektion II der Knappschafts-Berufsgenossenschaft in Bochum vom 1. Mai d. Jrs. wieder entzogen worden. Nach diesem Zeitpunkt ist indessen eine bedeutende Verschlimmerung meines Augenleidens eingetreten, weshalb ich mich in die Kur bei dem Medizinalrath Dr. Graf in Elberfeld gegeben habe. Derselbe hat mir das beiliegende Attest ausgestellt, aus dem hervorgeht, wie betrübend der Zustand meiner Augen ist. Ich bin denn auch ausser Stande irgend welche Arbeiten verrichten zu können.

Demzufolge habe ich bei dem genannten Vorstand den Antrag auf Wiedergewährung der Rente gestellt. Derselbe hat mir seine Bedenken mitgetheilt, ohne mir einen bestimmten Bescheid zu ertheilen, giebt mir vielmehr nur anheim bei der zuständigen Behörde Beschwerde einzulegen.

Mit Rücksicht auf die dargelegten Verhältnisse bitte ich ergebenst

den genannten Sektionsvorstand anzuhalten, mir einen berufungsfähigen Bescheid zu ertheilen.

Achtungsvoll
Carl Hoffmann.

An
das Reichsversicherungsamt
in
Berlin W.

Bemerkung.

Vor der Feststellung der Entschädigung ist dem Entschädigungsberechtigten durch Mittheilung der Unterlagen, auf Grund deren dieselbe zu bemessen ist (also z. B. Jahresverdienst, Grad der Erwerbsunfähigkeit u. drgl.), Gelegenheit zu geben, sich binnen einer Frist von einer Woche zu äußern.

77. Berufung auf schiedsgerichtliche Entscheidung bei Ablehnung der Unfallentschädigung.

(Führer Nr. 110.)

Stuttgart, den 12. Juni 1891.

Berufung. Gegen den Bescheid des Vorstandes der Berufsgenossenschaft der Gas- und Wasserwerke vom 2. d. Mts., durch welchen eine Unfallentschädigung in Folge des Todes des Arbeiters Christian Schmidt in Stuttgart abgelehnt wird, legen wir Berufung ein mit dem Antrage

uns die beanspruchte, gesetzmäßige Entschädigung bewilligen zu wollen.

Zur Begründung führen wir an:

Der Hitzschlag welcher den Genannten, als er, auf dem Kohlenplatz der Gasanstalt mit Abfahren von Kohlen beschäftigt war, während dieser Betriebsarbeit getroffen hat, dürfte als Betriebsunfall anzusehen sein, da wie der Messer Fromme bezeugen wird, am Unfalltage eine ganz ungewöhnliche Hitze herrschte und die Arbeit auf einem Kohlenplatze erfolgte, dessen abgeschlossene Lage dem Zutritt der frischen Luft sehr hinderlich war, wozu noch der Umstand kam, dass die von den auf dem Platze befindlichen Kohlen und Kohlentheilen festgehaltene und zurückstrahlende Hitze die bereits erhöhte Temperatur noch mehr steigern musste.

Abschrift liegt bei.

Achtungsvoll
Wittwe Emma Schmidt
und
Fritz und Martha Schmidt,
vertreten durch ihren Vormund
Mauermeister Fuchs.

An
den Vorsitzenden des
Schiedsgerichts für Unfallversicherung, Herrn
Landgerichtsrath Flach
hierselbst.

Bemerkungen.

Die Berufung auf schiedsrichterliche Entscheidung ist zulässig gegen jeden Bescheid durch welchen

a) der Entschädigungsanspruch abgelehnt wird (ausgenommen den Fall des Formulars Nr. 75),
b) die Entschädigung festgestellt wird (d. h. aber nicht in beanspruchter Höhe),
c) ein Ausländer durch Kapital abgefunden werden soll,
d) freie Kur und Verpflegung in einem Krankenhause gewährt werden soll,
e) im Falle zu d während der Verpflegung den Angehörigen des Verpflegten eine Rente gewährt oder vorenthalten wird,
f) in Folge Aenderung der maßgebend gewesenen Verhältnisse eine Erhöhung, Minderung oder Aufhebung der Rente ausgesprochen wird.

Die Berufung muß bei Vermeidung des Ausschlusses binnen 4 Wochen nach der Zustellung des Bescheides bei dem Vorsitzenden desjenigen Schiedsgerichts schriftlich erhoben werden, in dessen Bezirk der Betrieb, in welchem der Unfall sich ereignet hat, belegen ist. Eine Verlängerung der Frist findet nicht statt, die Versäumung zieht daher den Verlust des Anfechtungsrechts nach sich. Es ist also rathsam, möglichst früh die Berufung einzulegen und nicht bis zu den letzten Tagen zu warten, weil die Gefahr sonst vorliegt, daß die Berufungsschrift nicht mehr innerhalb der Frist in die Hände des Schiedsgerichtsvorsitzenden, dessen Namen man rechtzeitig bei dem Vertrauensmann oder einem sonstigen Versicherungsorgan sich bestätigen lasse, gelangt.

Der Lauf der Berufungsfrist beginnt mit der durch den Postboten bewirkten Uebergabe des Bescheides und endigt mit dem Ablauf desjenigen Tages der vierten Woche, welcher durch seine Benennung (Montag, Dienstag 2c.) dem Tage entspricht, an welchem die Zustellung erfolgt ist, so daß in der Berufungsfrist der Tag der Zustellung nicht eingerechnet ist. Fällt das Ende der Berufungsfrist auf einen Sonntag oder allgemeinen Feiertag, so endet die Frist mit Ablauf des nächstfolgenden Werktages. Bei Seeleuten u. dgl. außerhalb Europas wird eine Frist (nicht unterhalb 6 Wochen) vom Gericht festgesetzt.

Blos vorläufige Zubilligungen von Entschädigungen können nicht angefochten werden.

In dem Schriftsatz, von dem auch immer eine Abschrift beigelegt werden muß, ist der Gegenstand des Anspruchs zu bezeichnen, desgleichen sind die für die Entscheidung maßgebenden Thatsachen unter Angabe der Beweismittel für dieselben anzuführen.

Es empfiehlt sich die Verhältnisse, Gründe und Einwände möglichst ausführlich und klar darzustellen und alles was dafür als Beweis gelten kann, bestimmt zu bezeichnen, weil dann eher von der persönlichen Wahrnehmung des Termins, soweit sie nicht ausdrücklich angeordnet ist, abgesehen und damit Umstände und Kosten erspart werden können.

Wird die Berufung durch Bescheid des Schiedsgerichtsvorsitzenden zurückgewiesen, so kann binnen 2 Wochen die Anberaumung der mündlichen Verhandlung beantragt werden (siehe Formular 59), was zu thun wohl meist im Interesse des Betreffenden liegt.

Für welche Fälle die Schiedsgerichts-Entscheidungen durch Rekurs angefochten werden können, ist bei Formular 79 vermerkt.

---

78. Berufung auf schiedsgerichtliche Entscheidung bei Festsetzung einer zu geringen Unfallentschädigung.

(Führer Nr. 24a, 110.)

Leipzig, den 6. Mai 1891.

Berufung. Gegen den Bescheid des Vorstandes der Sächsischen Holz-Berufsgenossenschaft vom 26. v. Mts., durch welchen die mir bisher gewährte Unfallrente auf die Hälfte herabgesetzt wird, lege ich hierdurch Berufung mit dem Antrage ein,

mir die volle Rente auch fernerhin zu belassen.

Zur Begründung führe ich an:

Der Umstand, dass ich seit dem 1. März eine Stellung in einem kaufmännischen Bureau bekleide und dafür einen Lohn beziehe, der meinem früheren Lohn als Tischlergeselle ziemlich gleich kommt, dürfte kein Grund zur Verkürzung der Rente sein, denn der Zustand meiner verletzten Hand ist, wie ärztlich nachgewiesen ist, derselbe. Dass ich durch Aneignung von Kenntnissen eine bessere Ausnutzung meiner geistigen Fähigkeiten ermöglicht habe, kann für die vorliegende Frage nicht von Bedeutung sein.

Abschrift liegt bei.

Achtungsvoll
Ernst Müller,
Weststrasse 11.

An
den Vorsitzenden des
Schiedsgerichts für Unfallversicherung, Herrn
Landgerichtsdirektor Thöl
in
Leipzig.

Siehe Bemerkungen zu Formular 77.

79. Rekurs gegen eine Schiedsgerichts-Entscheidung.

(Führer Nr. 111).

Hamburg, den 17. Juni 1891.

Rekurs in Unfallversicherungssachen.

Gegen die Entscheidung des Schiedsgerichts für Unfallversicherung in Hamburg vom 27. v. Mts. No. 216/90 lege ich hierdurch Rekurs ein mit dem Antrage

mir die volle Unfallrente zuzubilligen.

Zur Begründung führe ich an:

Meine gegenwärtige, völlige Erwerbsunfähigkeit wird durch das beiliegende Attest der Königlichen Klinik in Berlin nachgewiesen. Zur Annahme einer Abfindung von 75% der Rente ist mein Vertreter nicht bevollmächtigt gewesen. Bei meiner mangelhaften Schulbildung bin ich zur Bekleidung der Stellung eines Boten u. dgl. unfähig. Derartige Stellen sind überdies gar nicht zu erlangen, da gesunde und befähigte Personen stets bevorzugt werden.

Abschrift dieser Rekursschrift liegt bei.

Achtungsvoll

Gustav Pusch,
Bremser,
Lübeckerstr. 15.

An
das Reichsversicherungsamt
in
Berlin W.

Bemerkung.

Die Entscheidungen der Schiedsgerichte können von dem Verletzten oder dessen Hinterbliebenen binnen 4 Wochen durch Rekurs an das Landes- bzw. Reichsversicherungsamt angefochten werden, sofern es sich um eine längere Rente bei dauernder (völliger oder theilweiser) Erwerbsunfähigkeit der Verletzten oder um Renten Hinterbliebener handelt.

Hinsichtlich der Form und Frist gilt auch hier das zu Formular Nr. 77 Bemerkte. Die Frist für Seeleute u. dgl. außerhalb Europas beträgt 12 Wochen.

80. Beschwerde über die Verhängung einer Ordnungsstrafe.

(Führer Nr. 100, 102, 117).

Leipzig, den 5. März 1891.

Straf-beschwerde. Der Vorstand der Sächsischen Holz-Berufsgenossenschaft hat mir durch Strafverfügung vom 26. v. Mts. eine Ordnungsstrafe von 10 Mark auferlegt wegen verspäteter Einreichung der Lohnlisten.

Ich lege dagegen hiermit Beschwerde ein und bitte um Aufhebung bezw. Milderung der Strafe.

Zur Rechtfertigung führe ich an:

Durch Uebertritt des Wassers der Pleisse sind meine Betriebsanlagen Mitte v. Mts. überschwemmt worden, so dass der Fabrikbetrieb einige Tage eingestellt werden und alle Kräfte zur Beseitigung der Gefahr und Verhütung grösseren Schadens angestrengt werden mussten. Dadurch hat sich denn auch die Einreichung der Lohnlisten um einige Tage verzögert, was durch Obiges wohl entschuldbar erscheint.

Achtungsvoll

K. Mohr,
Fabrikbesitzer.

An
das Landesversicherungsamt
in
Dresden.

Bemerkung.

Gegen die Strafverfügungen der Genossenschaftsvorstände können die Betheiligten binnen 2 Wochen nach der Zustellung der Verfügungen die Beschwerde beim Landes- bezw. Reichs-Versicherungsamt einlegen.

Strafverfügungen gegen Versicherte wegen Zuwiderhandelns gegen die Vorschriften über das von ihnen zur Verhütung von Unfällen zu beobachtende Verfahren können bei der der Ortsbehörde unmittelbar vorgesetzten Aufsichtsbehörde binnen 2 Wochen durch gleiche Beschwerde angefochten werden.

III.

Krankenversicherung.

81. Beschwerde wegen Nichtgewährung von Krankenunterstützung.

Berlin, den 20. Januar 1891.

Seitens der hiesigen Ortskrankenkasse für Schneider wird das mir in Folge Erkrankung zustehende Krankengeld vom 12. bis 18. d. Mts. einbehalten, weil der Kontrolbeamte mich bei seinem Besuche am 11. d. M. nicht zu Hause angetroffen habe. Ich habe an diesem Tage während der zulässigen Zeit von 5 bis 6 Uhr den ärztlich vorgeschriebenen Spaziergang gemacht, wurde aber unterwegs von einer Schwäche befallen, die mich nöthigte, bei meiner Schwester, der Handelsfrau Lange hierselbst, Kurzestrasse No. 5, mich zu erholen. Wie diese und der Hauswirth Horn daselbst bezeugen werden, war ich erst gegen 7 Uhr wieder im Stande, den Heimweg anzutreten.

Unter Beifügung einer Bescheinigung des Herrn Horn bitte ich ergebenst

die genannte Krankenkasse zur Gewährung des beanspruchten Krankengeldes zu veranlassen.

Achtungsvoll

Curt Rabe,
Schneidergeselle,
Barnimst. 12.

An
den Magistrat,
Gewerbe-Deputation
hierselbst.

Bemerkungen.

Streitigkeiten, welche zwischen Versicherten oder Arbeitgebern einerseits und der Gemeinde-Krankenversicherung oder der Ortskrankenkasse (ebenso Betriebs- [Fabriks-], Bau- und Innungskrankenkassen) andererseits über Unterstützungsansprüche (desgl. über Beitragspflicht) entstehen, werden von der Aufsichtsbehörde entschieden.

Aufsichtsbehörden über die Krankenkassen sind in Gemeinden von mehr als 10 000 Einwohnern die Gemeindebehörden (Magistrat, Stadtrath u. a. m.) sonst die in den einzelnen Bundesstaaten dazu bestimmten Behörden (in Preußen der Regierungspräsident für Städte, der Landrath für das platte Land). Ueber der Gemeinde-Krankenversicherung steht die Kommunalaufsichtsbehörde (in Preußen Regierungspräsident bezw. Landrath).

Gegen deren Entscheidung kann binnen 2 Wochen nach der Zustellung derselben die Klage bei dem ordentlichen Gerichte erhoben werden (siehe Formular 82).

---

82. Klageschrift wegen Unterstützungsansprüche.

Klage
des Arbeiters Karl Kunze in Lewin
gegen
die Ortskrankenkasse daselbst
wegen 30 Mark Unterstützung.

Lewin den 5. März 1891.

Als Versicherter der Ortskrankenkasse hierselbst habe ich wegen Erkrankung in Folge eines am 2. Januar d. Jrs. erlittenen Beinbruchs das mir zustehende Krankengeld mit täglich 1 Mark vom 5. Januar bis zum Tage der Heilung dem 3. Februar d. Jrs. beansprucht. Die Zahlung ist aber aus dem Grunde abgelehnt worden, weil ich den Unfall bei Raufhändeln und im Zustande der Trunkenheit mir zugezogen hätte. Auf meine Vorstellung beim Königlichen Landrathsamt in Glatz hat dasselbe durch die mir am 2. d. Mts. zugestellte Entscheidung vom 28. v. Mts. die Einbehaltung des Krankengeldes für gerechtfertigt erklärt.

Zum Beweis für das Vorstehende beziehe ich mich auf die Akten des bezeichneten Landrathsamts.

Der Unfall ist bei einem nicht auf Ernst beruhenden Ringen mit einem Bekannten und ohne dass ich betrunken gewesen wäre, herbeigeführt worden. Ich beantrage darüber den Arbeiter Franz Starck und die Wittwe Herms hierselbst als Zeugen zu vernehmen.

Die Beklagte lade ich vor das Königliche Amtsgericht in Lewin, behufs der mündlichen Verhandlung des Rechtsstreits zu dem von dem Herrn Amtsrichter zu bestimmenden Termine und ich werde auf Grund des § 58 des Krankenversicherungsgesetzes vom 15. Juni 1883 (R.-G.-Bl. S. 73) beantragen

die Beklagte zur Zahlung von 30 Mark an mich zu verurtheilen.

Zwei Abschriften der Klage liegen bei.

Carl Kunze,
Arbeiter.

An
das Königliche Amtsgericht
hierselbst.

Bemerkung.

Die Klage ist binnen 14 Tagen nach Zustellung der Entscheidung der Aufsichtsbehörde bei dem Amtsgericht einzureichen, in dessen Bezirk die beklagte Kasse ihren Sitz hat, d. h. wo ihre Verwaltung geführt wird.

Ein Kostenvorschuß darf in diesen Sachen nicht erhoben werden. Kann man den Termin nicht wahrnehmen, dann komme man bei Zeiten um Ertheilung des Armenrechts und Beiordnung eines Vertreters beim Gericht ein, nachdem man sich zuvor das dazu nöthige Attest des Gemeindevorstandes beschafft hat.

I.

Verzeichniß

der Versicherungsanstalten für die Invaliditäts- und Altersversicherung.

1. in Königsberg i. Pr. für die preußische Provinz Ostpreußen.
2. in Danzig für die preußische Provinz Westpreußen.
3. in Berlin für die preußische Provinz Brandenburg.
4. in Berlin für den preußischen Stadtkreis Berlin.
5. in Stettin für die preußische Provinz Pommern.
6. in Posen für die preußische Provinz Posen.
7. in Breslau für die preußische Provinz Schlesien.
8. in Münster i. W. für die preußische Provinz Westfalen.
9. in Merseburg für die preußische Provinz Sachsen und das Herzogthum Anhalt.
10. in Kiel für die preußische Provinz Schleswig-Holstein und das oldenburgische Fürstenthum Lübeck.
11. in Hannover für die preußische Provinz Hannover und die Fürstenthümer Pyrmont, Schaumburg-Lippe und Lippe.
12. in Cassel für die preußische Provinz Hessen-Nassau und das Fürstenthum Waldeck.
13. in Düsseldorf für die preußische Rheinprovinz, die Hohenzollernschen Lande und das oldenburgische Fürstenthum Birkenfeld.
14. in München für den bayerischen Regierungs-Bezirk Oberbayern.
15. in Landshut für den bayerischen Regierungs-Bezirk Niederbayern.
16. in Speier für den bayerischen Regierungs-Bezirk Pfalz.

17. in Regensburg für den bayerischen Regierungs-Bezirk Oberpfalz und Regensburg.
18. in Bayreuth für den bayerischen Regierungs-Bezirk Oberfranken.
19. in Ansbach für den bayerischen Regierungs-Bezirk Mittelfranken.
20. in Würzburg für den bayerischen Regierungs-Bezirk Unterfranken und Aschaffenburg.
21. in Augsburg für den bayerischen Regierungs-Bezirk Schwaben und Neuburg.
22. in Dresden für das Königreich Sachsen.
23. in Stuttgart für das Königreich Württemberg.
24. in Karlsruhe für das Großherzogthum Baden.
25. in Darmstadt für das Großherzogthum Hessen.
26. in Schwerin für die Großherzogthümer Mecklenburg-Schwerin und Mecklenburg-Strelitz.
27. in Weimar für das Großherzogthum Sachsen-Weimar-Eisenach, die Herzogthümer Sachsen-Meiningen, Sachsen-Altenburg, Sachsen-Coburg und Gotha, sowie die Fürstenthümer Schwarzburg-Sondershausen, Schwarzburg-Rudolstadt, Reuß ä. L., Reuß j. L.
28. in Oldenburg für das Herzogthum Oldenburg (Theil des Großherzogthums).
29. in Braunschweig für das Herzogthum Braunschweig.
30. in Lübeck für die Freien und Hansestädte Lübeck, Bremen und Hamburg.
31. in Straßburg für die Reichslande Elsaß-Lothringen.

II.

Verzeichniß

derjenigen Behörden,

welche für die Invaliditäts- und Altersversicherung gelten

als

a) **höhere** Verwaltungsbehörden,

b) **untere** Verwaltungsbehörden.

---

1. Königreich Preußen.

a) die Regierungs-Präsidenten; für Berlin der Ober-Präsident;

b) in Städten von mehr als 10 000 Einwohnern die Gemeindevorstände, im Uebrigen die Landräthe, in Hohenzollern die Oberamtmänner.

2. Königreich Bayern.

a) Die Kreisregierungen, Kammern des Innern;

b) die Distriktsverwaltungsbehörden, in München der Stadtmagistrat; für die Rentenanmeldung („Führer" Nr. 154) die Gemeindebehörden.

3. Königreich Sachsen.

a) Kreishauptmannschaft;

b) Stadtrath bezw. Amtshauptmannschaft.

4. Königreich Württemberg.

a) Die Kreisregierungen, bei Streitigkeiten („Führer" Nr. 183) das Landesversicherungsamt;

b) die Oberämter, bei Kontrolstrafen („Führer" Nr. 186, 187) auch die Ortsvorsteher.

5. Großherzogthum Baden.

a) Ministerium des Innern;
b) die Bezirksämter.

6. Großherzogthum Hessen.

a) Die Kreisämter, bei Streitigkeiten („Führer" Nr. 183) Ministerium des Innern und der Justiz;
b) die Kreisämter, für Rentenanmeldungen („Führer" Nr. 154, 159) Bürgermeisterei.

7. Großherzogthum Mecklenburg-Schwerin.

a) Ministerium des Innern;
b) Ortsobrigkeit, für die Fälle „Führer" Nr. 165 (171), 183, wenn der Arbeitgeber zugleich Inhaber obrigkeitlicher Rechte ist, die Gewerbekommission, in den Fällen „Führer" Nr. 186, 187, 178 Ministerium des Innern.

8. Großherzogthum Sachsen-Weimar.

a) Bezirksausschuß, bei Streitigkeiten („Führer" Nr. 183) Staatsministerium, Departement des Innern;
b) die Bezirksdirektoren.

9. Großherzogthnm Mecklenburg-Strelitz.

a) Landesregierung in Neustrelitz;
b) Ortsobrigkeit, für die Fälle „Führer" Nr. 165, (171), 183, wenn der Arbeitgeber zugleich Inhaber obrigkeitlicher Rechte ist, die Gewerbekommission, in den Fällen „Führer" Nr. 186, 187, 178 Landesregierung.

10. Großherzogthum Oldenburg.

a) im Herzogthum Oldenburg: Staatsministerium, Departement des Innern,
im Fürstenthum Lübeck: Regierung in Eutin, bei Streitigkeiten („Führer" Nr. 183) Staatsministerium, Departement des Innern,
im Fürstenthum Birkenfeld: Regierung in Birkenfeld,
b) im Herzogthum Oldenburg: die Aemter bezw. Magistrate der Städte Kl. I,

im Fürstenthum Lübeck: Regierung bezw. Stadtmagistrat zu Eutin,
im Fürstenthum Birkenfeld: Bürgermeister.

11. Herzogthum Braunschweig.
a) Staatsministerium,
b) die Kreis-Direktionen in Stadt Braunschweig: Stadtmagistrat.

12. Herzogthum Sachsen-Meiningen.
a) Staatsministerium, Abtheilung des Innern;
b) Magistrat und Bürgermeisterämter, sonst Landräthe.

13. Herzogthum Sachsen-Altenburg.
a) Ministerium, Abtheilung des Innern;
b) Landrathsämter bzw. Stadtrath in Altenburg.

14. Herzogthum Sachsen-Koburg-Gotha.
a) Ministerialabtheilung zu Koburg bzw. Ministerialabtheilung für die innere Verwaltung zu Gotha;
b) Stadträthe (Magistrate) bzw. Landrathsamt.

15. Herzogthum Anhalt.
a) Regierung, Abtheilung des Innern;
b) in Städten von mehr als 10000 Einw. Gemeindevorstände, sonst Kreisdirektionen.

16. Fürstenthum Schwarzburg-Sondershausen.
a) Bezirksausschuß, bei Streitigkeiten („Führer" Nr. 183) Ministerium, Abtheilung des Innern;
b) die Landräthe.

17. Fürstenthum Schwarzburg-Rudolstadt.
a) Ministerium;
b) in Städten über 10000 Einw.-Gemeindevorstand, sonst die Landrathsämter.

18. Fürstenthum Waldeck-Pyrmont.
a) Landesdirektor;
b) die Kreisamtmänner.

19. Fürstenthum Reuß ä. L.
a) Landesregierung in Greiz;
b) Gemeindevorstände bezw. Landrathsamt.

20. Fürstenthum Reuß j. L.
a) Gemeindeaufsichts- bezw. Bestätigungsbehörde;
b) Landrathsämter bezw. Stadtrath in Gera.

21. Fürstenthum Schaumburg-Lippe.
a) Landesregierung;
b) Magistrat bezw. Landrathsamt (letzteres auch für die Schloßbezirke Bückeburg und Stadthagen).

22. Fürstenthum Lippe-Detmold.
a) Regierung;
b) Verwaltungsämter bezw. Magistrat.

23. Lübeck.
a) Stadt- und Landamt, in Beschwerdefällen („Führer" Nr. 183) Rekursbehörde in Beschwerdesachen;
b) Polizeiamt, in Fällen, wo nicht Beschwerde an die „höhere Verwaltungsbehörde" zulässig, sowie bei Streitigkeiten („Führer" Nr. 183) Stadt- und Landamt.

24. Bremen.
a) Senat;
b) Polizeidirektion bezw. Landherr oder Stadträthe.

25. Hamburg.
a) Senat;
b) Polizeibehörde (bzw. Bürgermeister in Bergedorf, Amtsverwalter in Ritzebüttel bzw. Landherrenschaft).

26. Elsaß-Lothringen.
a) die Bezirks-Präsidenten;
b) in Gemeinden von über 10000 Einw. die Bürgermeister, sonst die Kreis-Direktoren.

III.

Verzeichniß
sämmtlicher Berufsgenossenschaften.

A. Industrielle Berufsgenossenschaften.

1. Knappschafts-B.G., Sitz zu Berlin.
2. Steinbruchs-B.G. zu Berlin.
3. B.G. der Feinmechanik zu Berlin.
4. Süddeutsche Eisen u. Stahl-B.G. zu Frankfurt a. M.
5. Südwestdeutsche Eisen-B.G. zu Saarbrücken.
6. Rheinisch-Westfälische Hütten- und Walzwerks-B.G. zu Düsseldorf.
7. Rheinisch-Westfälische Maschinenbau- und Kleineisenindustrie-B.G. zu Düsseldorf.
8. Sächsisch-Thüringische Eisen- und Stahl-B.G. zu Leipzig.
9. Nordöstliche Eisen- und Stahl-B.G. zu Berlin.
10. Schlesische Eisen- und Stahl-B.G. zu Breslau.
11. Nordwestliche Eisen- und Stahl-B.G. zu Hannover.
12. Süddeutsche Edel- und Unedelmetall-B.G. zu Stuttgart.
13. Norddeutsche Edel- und Unedelmetall-Industrie-B.G. zu Berlin.
14. B.G. der Musikinstrumenten-Industrie zu Leipzig.
15. Glas-B.G. zu Berlin.
16. Töpferei-B.G. zu Berlin.
17. Ziegelei-B.G. zu Berlin.
18. B.-G. der chemischen Industrie zu Berlin.
19. B.G. der Gas- und Wasserwerke zu Berlin.
20. Leinen-B.G. zu Berlin.
21. Norddeutsche Textil-B.G. zu Berlin.
22. Süddeutsche Textil-B.G. zu Augsburg.
23. Schlesische Textil-B.G. zu Breslau.
24. Textil-B.G. von Elsaß-Lothringen zu Mülhausen i. Els.
25. Rheinisch-Westfälische Textil-B.G. zu M. Gladbach.
26. Sächsische Textil-B.G. zu Leipzig.
27. Seiden-B.G. zu Krefeld.
28. Papiermacher-B.G. zu Berlin.
29. Papierverarbeitungs-B.G. zu Berlin.
30. Lederindustrie-B.G. zu Berlin.
31. Sächsische Holz-B.G. zu Dresden.
32. Norddeutsche Holz-B.G. zu Berlin.
33. Bayerische Holzindustrie-B.G. zu München.

34. Südwestdeutsche Holz-B.G. zu Stuttgart.
35. Müllerei-B.G. zu Berlin.
36. Nahrungsmittel-Industrie-B.G. zu Mannheim.
37. Zucker-B.G. zu Berlin.
38. Brennerei-B.G. zu Berlin.
39. Brauerei- u. Mälzerei-B.G. zu Frankfurt a. M.
40. Tabak-B.G. zu Berlin.
41. Bekleidungsindustrie-B.G. zu Berlin.
42. B.G. der Schornsteinfegermeister des Deutschen Reichs zu Berlin.
43. Hamburgische Baugewerks-B.G. zu Hamburg.
44. Nordöstliche Baugewerks-B.G. zu Berlin.
45. Schlesisch-Posensche Baugewerks-B.G. zu Breslau.
46. Hannoversche Baugewerks-B.G. zu Hannover.
47. Magdeburgische Baugewerks-B.G. zu Magdeburg.
48. Sächsische Baugewerks-B.G. zu Dresden.
49. Thüringische Baugewerks-B.G. zu Erfurt.
50. Hessen-Nassauische Baugewerks-B.G. zu Frankfurt a. M.
51. Rheinisch-Westfälische Baugewerks-B.G. zu Elberfeld.
52. Württembergische Baugewerks-B.G. zu Stuttgart.
53. Bayerische Baugewerks-B.G. zu München.
54. Südwestliche Baugewerks-B.G. zu Straßburg i. Els.
55. Buchdrucker-B.G. zu Leipzig.
56. Privatbahn-B.G. zu Lübeck.
57. Straßenbahn-B.G. zu Berlin.
58. Speditions, Speicherei- und Kellerei-B.G. zu Berlin.
59. Fuhrwerks-B.G. zu Berlin.
60. Westdeutsche Binnenschiffahrts-B.G. zu Duisburg.
61. Elbschiffahrts-B.G. zu Magdeburg.
62. Ostdeutsche Binnenschiffahrts-B G. zu Bromberg.
63. See-B.G. zu Hamburg.
64. Tiefbau-B.G. zu Berlin.

B. Landwirthschaftliche Berufsgenossenschaften.

1. Ostpreußische l. B.G. zu Königsberg i. Pr.
2. Westpreußische l. B.G. zu Danzig.
3. Brandenburgische l. B.G. zu Berlin.
4. Pommersche l. B.G. zu Stettin.
5. Posensche l. B.G. zu Posen
6. Schlesische l. B.G. zu Breslau.
7. l. B.G. für die Provinz Sachsen zu Merseburg.
8. Schleswig-Holsteinsche l. B.G. zu Kiel.
9. Hannoversche l. B.G. zu Hannover.
10. Westfälische l. B.G. zu Münster.
11. Hessen-Nassauische l. B.G. zu Kassel.
12. Rheinische l. B.G. zu Düsseldorf.
13. Oberbayerische l. B.G. zu München.
14. Niederbayerische l. B.G. zu Landshut.
15. Pfälzische l. B.G. zu Speyer.
16. Oberpfälzische l. B.G. zu Regensburg.
17. Oberfränkische l. B.G. zu Bayreuth.

18. Mittelfränkische l. V.G. zu Ansbach.
19. Unterfränkische l. V.G. zu Würzburg.
20. Schwäbische l. V.G. zu Augsburg.
21. l. V.G. für das Königreich Sachsen zu Dresden.
22. l. V.G. für den Neckarkreis zu Stuttgart.
23. l. V.G. für den Schwarzwaldkreis zu Reutlingen.
24. l. V.G. für den Jagstkreis zu Ellwangen.
25. l. V.G. für den Donaukreis zu Ulm.
26. Badische l. V.G. zu Karlsruhe.
27. l. V.G. für das Großherzogthum Hessen zu Darmstadt.
28. Mecklenburg-Schwerinsche l. V.G. zu Schwerin.
29. Weimarische l. V.G. zu Weimar.
30. Mecklenburg-Strelitzische V.G. zu Neubrandenburg.
31. Oldenburgische l. V.G. zu Oldenburg.
32. Braunschweigische l. V.G. zu Braunschweig.
33. Sachsen-Meiningensche l. V.G. zu Meiningen.
34. Sachsen-Altenburgische l. V.G. zu Altenburg.
35. Coburgische l. V.G. zu Coburg.
36. Gothaische l. V.G. zu Gotha.
37. Anhaltische l. V.G. zu Dessau.
38. Schwarzburg-Rudolstädtische l. V.G. zu Rudolstadt.
39. Schwarzburg-Sondershausensche l. V.G. zu Sondershausen.
40. l. V.G. für das Fürstenthum Reuß ä. L. zu Greiz.
41. l. V.G. für das Fürstenthum Reuß j. L. zu Gera.
42. Schaumburg-Lippische l. V.G. zu Stadthagen.
43. Lippesche l. V.G. zu Detmold.
44. Bremische l. V.G. zu Bremen.
45. Hamburgische l. V.G. zu Hamburg.
46. Unterelsässische l. V.G. zu Straßburg i. Els.
47. Oberelsässische l. V.G. zu Colmar.
48. Lothringische l. V.G. zu Metz.

Druck von Albert Koenig in Guben.

Druck von Albert Koenig in Guben.

Kolibri 360 GmbH
Ferdinand-Jühlke-Straße 7
99095 Erfurt, Deutschland
produktsicherheit@kolibri360.de